ULLSTEIN

Das Buch

Rupert Lay stellt Dialektik als Argumentationstechnik vor, die systematisch erlernbar ist. Er vermittelt die Grundkenntnisse einer überzeugenden Gesprächsführung sowie die Kunst der Rede, der Debatte, der Diskussion und des Interviews. Zahlreiche Übungen, Beispiele und Aufgaben machen dieses Buch zu einer ebenso lehrreichen wie unterhaltsamen Lektüre. Exkurse zur Geschichte der Dialektik bieten weitere wichtige Hintergrundinformationen. Ein wertvoller Leitfaden für alle, die den besseren Argumenten zum Durchbruch verhelfen möchten.

Der Autor

Prof. Dr. Rupert Lay, 1929 geboren, ist einer der profiliertesten Managementberater.
1952 trat er in den Orden der Gesellschaft Jesu ein. Ab 1967 war er ordentlicher Professor für Wirtschaftstheorie und Sprachphilosophie an der Philosophisch-Theologischen Hochschule St. Georgen in Frankfurt. Seit 1972 berät er Politiker und Manager. Sein Buch *Nachkirchliches Christentum* führte zu einem offenen Konflikt mit seinen Ordensbrüdern. Daraufhin wurde er 1996 zwangsemeritiert. Rupert Lay hat sich nun als Unternehmensberater selbständig gemacht und gibt Managerseminare. Er lebt mit seinem Sohn in Bayern.

In unserem Hause sind von Rupert Lay bereits erschienen:
Führen durch das Wort

Rupert Lay

Dialektik für Manager

Methoden des erfolgreichen Angriffs und der Abwehr

Ullstein

Besuchen Sie uns im Internet:
www.ullstein-taschenbuch.de

Umwelthinweis:
Dieses Buch wurde auf chlor- und säurefreiem Papier gedruckt.

Ullstein Verlag
Ullstein ist ein Verlag des Verlagshauses
Ullstein Heyne List GmbH & Co. KG.
4. Auflage 2003

Umschlaggestaltung: Init GmbH, Bielefeld
Titelabbildung: action press, Hamburg
Druck und Bindearbeiten: Ebner & Spiegel, Ulm
Printed in Germany
ISBN 3-548-36472-1

Wer andere Menschen groß macht,
wird selber groß;
Wer andere klein macht,
wird selber klein.

Inhaltsverzeichnis

Vorwort zur 11. Auflage 9

Vorwort 11

Einführung 13

Was ist Dialektik? 13
Zur Geschichte der Dialektik 14

Einführung in die Hilfswissenschaften der Dialektik 27

Hermeneutische Aspekte der Dialektik 27
Linguistische Aspekte der Dialektik 43
Kommunikationstheoretische Aspekte der Dialektik 52
Psychologische Aspekte der Dialektik 60
Soziologische Aspekte der Dialektik 77
Logische Aspekte der Dialektik 83

Allgemeine Dialektik 110

Regeln fairer Dialektik 110
Exkurs: Diskutieren im Antipathiefeld 130
Abwehr unfairer dialektischer Angriffe 132
Dialektische Fähigkeiten 155

Spezielle Dialektik 164

Das Gespräch 165
Die Diskussion 178
Die Debatte 194

Der Leiter 198

Das Interview 206

Die Rede 216
Rhetorische Vorbemerkungen 217
Die Meinungsrede 220
Durchführung der Rede 225

Anhang 250

Lösungen der Aufgaben 250

Texte 253

Literatur 259

Vorwort zur 11. Auflage

In weniger als acht Jahren hat die Gesamtauflage von »Dialektik für Manager« die Marke von 100 000 hinter sich gelassen. In diesen Jahren haben sich in Theorie und Praxis eine Fülle von neuen Einsichten durchgesetzt, die eine völlige Neubearbeitung des Buches angebracht erscheinen lassen. Diese betrifft vor allem den theoretischen Teil.
Ich danke dem Verleger, daß er mir die Möglichkeit einer so gründlichen Neubearbeitung gab.

Vorwort zur 1. Auflage

1. Dieses Buch wurde vor allem für Führungskräfte in Wirtschaft und Politik geschrieben.
Es ist in einigen Teilen anspruchsvoller als die ausgedehnte Literatur zum Thema. Ein gewisses Maß an Fähigkeit, abstrakt zu denken, wird vorausgesetzt. Obschon es nicht nur den Markt der Dialektik mit Tips, Tricks und Vorschlägen bereichern möchte, fehlen auch sie nicht.
Bei aller Theorie, ist es ein praxisbezogenes Buch.

2. Es will außer einiger dialektischer Ausildung, wenn auch im begrenzten Rahmen, Bildung vermitteln. Daher
— handelt der erste Teil über Fragen der Kommunikation (sollte man doch nicht nur wissen, *daß* bestimmte Verhaltensweisen überzeugen, sondern auch *warum* sie überzeugen, und welches die Grenzen der sprachlichen Kommunikation und Interaktion sind),
— werden einige geschichtliche Einschübe gebracht, denn Verstehen einer Technik setzt Kenntnis über das Werden des Zu-Verstehenden voraus. Überlesen Sie also nicht die historischen Passagen als unerheblich.

3. Das Buch ersetzt keinesfalls die Teilnahme an einem praktischen Seminar über Dialektik. Sein Studium dient der Vorbereitung für eine fruchtbare Teilnahme und der Aufarbeitung des in konkreter Anwendung dialektischer Strategien erworbenen Wissens. Es dient also der Vor- und Nacharbeit.
Dialektikseminare werden von zahlreichen Veranstaltern angeboten. Ehe Sie sich zur Teilnahme melden, sollten Sie prüfen:
— ob dialektische *Praxis* eingeübt wird,
— ob das Seminar wenigstens drei Tage dauert (kürzere Veranstaltungen sind erfahrungsgemäß sinnlos),
— ob nicht mehr als sieben Seminarteilnehmer zugelassen werden (bei einer größeren Zahl, kann der Leiter nicht zureichend auf Ihre persönlichen Begabungen und Schwierigkeiten eingehen; der Lernerfolg ist dann meist unerheblich).

4. Dieses Buch ist aus der Erfahrung zahlreicher dialektischer Auseinandersetzungen entstanden. Der Verfasser hat sich u. a. oft genug mit Marxisten verschiedenster Richtungen dialektisch auseinandersetzen müssen, hat zahlreiche praxisbezogene Dialektikkurse geleitet und wurde im Rahmen seiner Studien dialektisch geschult.

5. Dialektik ist eine Kunst. Kunstfertigkeit erlernt man nicht aus Büchern, sondern nur mit der Praxis – aber sie will reflektiert werden. Das Buch soll eine solche Reflexionshilfe sein. Kunst ist niemals endgültig, sondern bedarf ständigen Mühens. Sie werden niemals »perfekt« werden und immer noch etwas hinzulernen müssen. Verzweifeln Sie also nicht, wenn einmal eine Diskussion, eine Rede ... nicht den von Ihnen gewünschten Erfolg hat.
Voraussetzung zum geordneten und optimalen Hinzulernen ist eine permanente Selbstkontrolle. Das Buch will Ihnen Anleitungen zur Kontrolle geben.

6. Die Dialektik kennt keine Patentrezepte, allenfalls statistisch gültige Regeln. Das Vorgestellte mögen Sie in diesem Sinne verstehen. Regeln lassen immer Ausnahmen zu. Seien Sie mißtrauisch, wenn man Ihnen Patentrezepte verspricht. Ein guter Dialektiker wird man niemals durch das Erlernen von Regeln, sondern nur durch harte Arbeit an sich selbst.
Voraussetzung jeder Dialektik ist Persönlichkeitsbildung. Die Regeln geben allenfalls an, wie man es *nicht* machen sollte. Die Positivität der Dialektik liegt nicht in der Befolgung von Regeln, sondern in der persönlichen Überzeugungskraft.

7. Dialektik ist nicht Show, nicht Theater (wenn auch manche schlecht geleitete Kurse den Eindruck vermitteln möchten), sondern zähes Bemühen, andere zu überzeugen.

8. Als Kunst soll Dialektik immer etwas Spielerisches an sich haben. Der dialektische Prozeß soll in dem verantwortlichsten Spiel, das Menschen spielen können, das um Wahrheit, um beste Strategien ..., die Wahrheit, die optimalen Strategien herauszufinden helfen.
Verspieltheit (Spielen um des Spielens willens) ist das Ende der Dialektik.

9. Dialektische Techniken sind an sich wertneutral. Sie können mißbraucht werden. Der Verfasser ist sich dessen bewußt. Aber kaum ein Menschenwerk kann nicht mißbraucht werden.

10. Der Verfasser sympathisiert nicht mit der einen oder anderen ökonomischen oder politischen Richtung. Er ist aber der Meinung, daß beide Parteien in einer dialektischen Auseinandersetzung dialektisch gleich stark sein sollten, damit nicht die bessere Dialektik, sondern die bessere Sache, das bessere Argument »siegt«.

Einführung

Was ist Dialektik?

A. Kommunikative Dialektik ist
1. Die Kunst, Überzeugungen auf andere zu übertragen,
2. die Kunst, kommunikativ Probleme zu lösen.

B. Dialektik des Diskurses ist die Kunst durch gemeinsamen Erkenntnisfortschritt
1. Konsens herzustellen,
2. Probleme zu lösen.

In diesem Buch handeln wir über kommunikative Dialektik.
Um diese Kunst zu beherrschen, ist es notwendig,
- den richtigen Gedanken (Logik)
- mit den richtigen Worten (Kommunikationstheorie)
- in der richtigen Sprache (Hermeneutik und Linguistik)
- in der richtigen Rolle (Soziologie)
- vor dem richtigen Publikum (Psychologie)
- in der richtigen Intention

auszusprechen

Logik, Kommunikationstheorie, Hermeneutik und Linguistik, Soziologie und Psychologie sind also wichtige Hilfswissenschaften der Dialektik. Dialektik stellt sich als eine Kunst vor, die umfassende Forderungen an den sie Ausübenden stellt. Sie ist keineswegs nur »Technik«, sondern setzt eine — für viele Menschen neue — Orientierung zu sich selbst, zum anderen Menschen und den zu lösenden Problemen voraus.

Dieser geschichtliche Rückblick hat kein historisches Interesse. In der Dialektik begegnen wir vielmehr einer Kunst, deren Beherrschung im 15. Jahrhundert aus dem europäischen Bildungswissen verschwand und sich allenfalls noch in jenen Hochschulen erhielt, die der mittelalterlichen Philosophie und Theologie verpflichtet waren. Die Kunst der Dialektik geriet ganz ähnlich in Vergessenheit wie etwa die Kunst des Schiffbaus bei den Guanchen (den Bewohnern der kanarischen Inseln vor deren Besetzung durch die Spanier). Obwohl ihre Inseln zum Teil in Sichtweite liegen und obschon sie zweifelsfrei mit irgendwelchen Fahrzeugen einmal ihre Inseln erreichten, wußten sie nichts mehr von der Schiffahrt. So ist denn auch das dialektische Wissen heute nahezu nicht mehr vorhanden. Viele Menschen haben sich über Trial-error-Mechanismen zwar einige Techniken angeeignet, die ihnen in Situationen, in denen sie überzeugen müssen oder wollen, hilfreich sind — doch handelt es sich dabei meist um selbstgestrickte Rezepte von begrenzter Brauchbarkeit.

1. Der Auslöser für die Ausbildung der Kunst der Dialektik dürfte Sokrates (†399 v. Chr.) gewesen sein, der eine bis dahin schon den Philosophen durchaus geläufige Unterscheidung popularisierte und zum Gemeingut menschlichen Wissens zu machen versuchte. Es ist das die (an sich triviale) Unterscheidung von Wahrheit und Gewißheit. Er wies seine Athener Mitbürger darauf hin, daß sie zwar sehr vieles zu wissen meinen (also sehr vieler Sachverhalte unzweifelhaft

sicher seien), daß sie aber in der Tat so gut wie nichts wüßten (d. h. nicht in der Lage seien, die Dinge so zu erkennen, wie sie tatsächlich sind). Heute unterscheiden wir in Anlehnung an die sokratische Einsicht zwei Reihen von wohl zu unterscheidenen Begriffen:

semantische Eigenschaften	psychologische Zustände
Wahrheit	Gewißheit, Sicherheit Evidenz
Wissen	Meinen Glauben
Realität (= reality)	Wirklichkeit (= actuality)

»Wahrheit« definieren wir mit Aristoteles als die Eigenschaft einer Aussage, die sagt, was ist. »Gewißheit«, »Sicherheit«, »Evidenz« bezeichnen psychische Zustände, in denen es einem Menschen mehr oder weniger unmöglich ist, eine bestimmte Überzeugung sinnvoll zu bezweifeln. Ganz offensichtlich haben diese beiden Eigenschaften (einmal einer Aussage, das andere Mal einer psychischen Befindlichkeit) kaum etwas miteinander zu tun.

Entsprechend unterscheiden wir »Realität« als das von der Menge aller möglichen wahren Aussagen Bezeichnete von »Wirklichkeit« als der Menge der individuellen oder kollektiven Überzeugungen, an denen ein Mensch, eine Gruppe oder eine Gesellschaft nicht sinnvoll zweifeln kann, ohne sich selbst radikal infrage zu stellen. Solches radikale Infragestellen wird über psychische und soziale Mechanismen zumeist sehr wirkungsvoll verhindert. So darf es uns auch nicht wundern, daß Sokrates wegen Gottlosigkeit (denn alle Theologie scheint auf der Gleichsetzung zu beruhen: »Was gewiß ist, ist auch wahr«, kann sie doch »nur« Gewißheiten vermitteln) und Verführung der Jugend (denn auch die Politik folgt dem gleichen Muster wie die Theologie) zum Tode verurteilt wurde. Bis zum heutigen Tage tun übrigens viele für Religion wie für Politik Verantwortliche fast alles, um diesen Unterschied zwischen Wahrheit und Gewißheit nicht ins allgemeine Bewußtsein dringen zu lassen. Besteht doch gerade das Wesen des Vorurteils darin, daß Menschen ihre Selbstverständlichkeiten als Wahrheiten behaupten. Angewandte Politik und Verkündung eines religiösen Glaubens ist aber zumeist nichts anderes als der Versuch, eigene Gewißheiten auf andere zu übertragen. Das aber funktioniert nur begrenzt bei kritischen Menschen, die die sokratische Unterscheidung (übrigens der Grund aller Weisheit und jeder Toleranz) in praxi zur Kenntnis genommen haben — und danach ihr Entscheiden und Handeln einrichten.

So nimmt es denn nicht wunder, daß die Geschichte der europäischen Philosophie als Geschichte der Versuche beschrieben werden kann, das sokratische Ärgernis aus der Welt zu schaffen. Es sei hier nicht verschwiegen, daß alle solche Versuche, seien sie begriffstheoretischer oder erkenntnistheoretischer Art, ausgesprochen unbefriedigend geendet haben.

2. Als erster entwickelte Platon erkenntnistheoretische und praxisorientierte Strategien, um Wahrheit und Gewißheit wieder unter einen Hut zu bringen. Uns interessieren hier

ausschließlich die praktischen (denn die erkenntnistheoretischen etwa der Ideenlehre sind überholt).
Die praktischen Strategien sind die der Dialektik.
Platon war der Ansicht, daß man wahren Aussagen über den Menschen und seine Sache nur nahe kommen könne, wenn man darauf verzichte, »identische« (sich in allen Gebrauchssituationen nach Inhalt und Umfang gleichbleibende) Begriffe zu verwenden. Die »Wahrheit« liege nicht in den Worten, sondern zwischen ihnen, sei nicht bei einem Menschen, sondern sei zwischen den Menschen. Konsequent stellte er deshalb seine Philosophie auch nicht in Traktatform vor, sondern wählte die Methode des Dialogs. Damit war die Dialektik als Kunst geboren.
Bei Platon war sie »Wahrheitsfindungs-Dialektik« — wir würden heute von *Problemlösungs-Dialektik* sprechen. Und diese Form der Dialektik ist seit der Renaissance völlig in Vergessenheit geraten.

3. Schon zu Lebzeiten Platons gab es eine Schule von Philosophen, die der Skeptiker, die der Meinung waren, man könne wahre Aussagen nicht machen oder — wenn man sie schon zufällig mache — doch nicht sicher als wahre identifizieren. Für sie hatte Dialektik eine andere Funktion: Sie solle Gewißheiten (über die hinaus man ja doch nichts sicheres wissen könne) von einem Menschen auf den anderen transportieren. Wir sprechen heute von *Gewißheitstransfer-Dialektik*. Diese Form der Dialektik ist in gewissen rudimentären Resten noch unter uns lebendig. Schon alleine, weil — wie gesagt — die Verbreitung von politischen, religiösen und ökonomischen Überzeugungen ein wichtiges In-

strument aller derer war und ist, die Herrschaft über andere ausüben. Herrschaft ohne Überzeugungstransfer nennt man gemeinhin *Diktatur*. Und gegen Diktatoren sind wir heute allergisch. So bleibt denn allen Führenden nur der Überzeugungstransfer als ein entscheidendes Instrument der Ausübung von Führungsfunktionen.
Die praktische Beschränkung der Dialektik auf deren skeptische Spielart (also auf Überzeugungstransfer-Dialektik) hat die Dialektik in den Ruf gebracht, ein manipulatorisches Instrument in der Hand der Führenden zu sein. Das aber zu einigem Unrecht.

4. Im Rom der frühen Kaiserzeit wurde »Dialektik« als Schulfach eingeführt — und blieb es bis ins ausgehende Mittelalter. Niemand konnte eine Wissenschaft studieren, es sei denn, er hätte sich zuvor ausgiebig in Dialektik geschult. Der Einzug der Dialektik in die Schule und später in die frühen Semester des Hochschulstudiums machte es nötig, die Dialektik und ihre Hilfsdisziplinen (vor allem die Logik) schulmäßig aufzuarbeiten. Das führte zur Ausbildung bestimmter Regeln. Der wichtigste hier zu erwähnende Regelkomplex sind die »Drei Regeln des Platon«. Nicht daß sie irgendwo in den Schriften Platons ausdrücklich genannt würden — aber sie lassen sich mit einigem guten Willen als die Gesetzmäßigkeiten ausmachen, nach denen Platon seine Dialoge aufgebaut hat, bzw. als Regeln, durch deren Beachtung Platon seine Dialog-Figuren aus dialogischen Fehlläufen herausholte. Diese Drei Regeln des Platon sind, leicht ergänzt, auch heute noch die Grundlage jeder Dialektik. Da sie während anderthalb Jahrtausenden

zum selbstverständlichen Besitz jedes auch nur halbwegs gebildeten Europäers gehörten, seien sie hier aufgeführt. Vieles, was Sie unter dem Abschnitt »Dialektische Fertigkeiten« lesen werden, ist nichts als eine Ausfaltung des technischen Aspekts der Regeln des Platon.

a) Die erste Regel des Platon: Sei alterozentriert!

»Alterozentriert« meint eine psychische Grundeinstellung, die es einem Menschen erlaubt, von sich selbst und seinen Interessen (Bedürfnissen und Erwartungen) abzusehen und sich auf das Ziel, das er verfolgt und auf die Menschen, die dabei eine Rolle spielen, möglichst umfassend einzustellen, um sein Ziel (Problemlösung oder Überzeugungstransfer) zu erreichen. Alterozentrierung hat zu Gegenbegriffen »Egozentrik« und »Altruismus«. Von der Egozentrik unterscheidet sich die Alterozentrierung, insofern nicht das eigene Ego mit seinen Bedürfnissen im Mittelpunkt der Organisation der Interaktion steht, sondern das Ziel und der andere Mensch; vom Altruismus, insofern ich nicht zunächst und primär des oder der anderen Nutzen suche, sondern meine Ziele in der Interaktion (Problemlösung oder Überzeugungstransfer) durchsetzen will.
Da diese Grundhaltung der Alterozentrierung heute nirgendwo mehr vermittelt wird, sie aber für jede Form beherrschter Dialektik notwendige Voraussetzung ist, muß der Schüler in Sachen Dialektik keineswegs nur Techniken lernen und Fehler zu meiden suchen, sondern eine oft un-

gewohnte neuartige psychische Grundeinstellung trainieren. Hier wird deutlich, daß sich dialektisches Training nur in seinen Vorstufen mit bloß-technischen Fragen beschäftigen darf. Die weitaus meisten Fehler beruhen nicht auf technischem Fehllernen, sondern auf psychischen Fehlhaltungen. Sie zu erkennen und beheben muß also das Ziel jedes Dialektik-Seminars sein, das nicht in der Vordergründigkeit der Unerheblichkeit stecken bleiben will. Andererseits zeigt auch die Unfähigkeit vieler Menschen zu alterozentriertem Einstellen, wie sehr die Dialektik in ihren elementaren Voraussetzungen außer Gebrauch gekommen ist.

b) *Die zweite Regel des Platon:*
Spreche die Emotionalität an!

Diese zweite platonische Regel ist in ihrer *demagogischen* Variante wohl bekannt und wird auch gelegentlich beherrscht (vgl. etwa manche Reden von H. Schmidt und Fr. J. Strauß).

In der Dialektik ist damit aber etwas anderes gemeint:

1. Um von etwas überzeugen zu können, muß man selbst davon überzeugt sein (Dialektik ist also Überzeugungstransfer und nicht Überzeugsimplantation).

2. Um zu überzeugen, muß ich die emotionalen Schichten des oder der anderen erreichen und zwar so, daß ich dessen oder deren rationale Kontrolle funktionsfähig halte.

Da begegnen uns drei mögliche Widerstände, die erst gar nicht aufkommen zu lassen bzw. zu erkennen und abzubauen, eine der Hauptaufgaben dialektischen Tuns ist.

Hierher gehört *erstens* der Antipathiewiderstand, der prinzipiell alle Argumente des Partners negativ besetzt sein läßt und somit deren Ungenügen oder Unzutreffen nahelegt. Von hier aus ergibt sich als erste und vielleicht wichtigste Regel der Dialektik:

> Können Sie nur siegen um den Preis von Sympathieminderung, sollten Sie stets bedenken, ob der Sieg die Minderung aufwiegt.
> Allgemein gilt: Lerne auf den Sieg zu verzichten, um gewinnen zu können!

Das gilt natürlich nicht für alle Situationen. Aber man muß das können! Nicht wenige Anfänger in der Dialektik haben sich schon zu Tode gesiegt.

Die *zweite* Form des Widerstandes ist der rationale Widerstand. Er kommt zustande, wenn der oder die Partner über andersgeartete Informationen oder andere Formen der Informationsgewichtung verfügen als man selbst. Diese Form des Widerstands ist in aller Regel problemlos und auch für den Anfänger zu meistern.
Das gilt nicht für die *dritte* Form von Widerständen, denen der Emotion oder der Interessen. Ein bestimmtes Argument kann nach Inhalt oder Form den Bedürfnissen und/oder Erwartungen eines Menschen oder einer Gruppe nicht entsprechen und wird also abgelehnt. Da es in unserer Gesellschaftsordnung verpönt ist, Ablehnungen anders als ratio-

nal zu begründen, werden emotionale Widerstände in aller Regel wie rationale dargestellt. Das kann bei Anfängern zur Verkennung des Widerstandstyps und der Verwendung inadäquater Techniken führen. Ich habe dieses Verkennen gelegentlich bei atomrechtlichen Anhörungsverfahren erlebt. Die Antragsteller gingen mit den Argumenten der Einwender um, als ob es sich um rationale Widerstände handele — sie argumentierten rational. Dabei handelte es sich jedoch evident um Antipathie — oder emotionale Widerstände (etwa Ängste), die nur mit rationalen oder pseudorationalen Argumenten maskiert wurden.

c) *Die dritte Regel des Platon:*
Beachte die kommunikative Intention des oder der Partner!

Die Regel unterschied zwischen zwei kommunikativen Intentionen (oder Schichten, wie wir heute eher sagen würden): der informatorischen und der kontaktiven. Besteht auf der kontaktiven Unsicherheit (sind sich also die Partner nicht über ihre wechselseitigen Beziehungen angstfrei im Klaren), werden auch Informationen nicht zutreffend gegeben, abgenommen, verarbeitet. Selbst diese triviale Einsicht der klassischen Dialektik ist bei uns in Vergessenheit geraten. Nicht wenige Menschen, auch in Führungspositionen, beschränken Kommunikation auf die informative Schicht. Damit reduzieren sie in oft katastrophaler Weise menschliche Kommunikation. Bei Völkern, die weniger von den Zwängen technischer Rationalität beherrscht werden (etwa Russen oder Japaner) werden Sie bemerken, daß für die Phase der Kontaktvergewisserung eine zureichend lange Zeit angesetzt wird. Wir dagegen neigen dazu — obschon auch wir solange Kontakt zu vergewissern oder herzustellen versuchen, bis wir angstfrei mit dem Partner informatorisch umgehen können — diese Phase mit pseudoinformatorischen Interaktionen zu besetzen. Das hat den Nachteil, daß keiner der Partner genau sagen kann, in welcher Phase sich der kommunikative Prozeß befindet und somit falsch (verzögert oder vorschnell informatorisch) reagiert.

In einem großen mitteleuropäischen Unternehmen wurde ich einmal zur Beratung gerufen, weil die Sitzungen des Vorstandes bei geringen Ergebnissen ungewöhnlich lange dauerten. Wir stellten fest, daß die Sitzungsteilnehmer:

1. ihre privaten Konflikte und Antipathien auf dem Parkett der Sitzung austrugen und
2. mit verschleierter Kontaktvergewisserung und Selbstdarstellung ein großer Teil der Zeit »vertan« wurde.

Seitdem versuchen die Teilnehmer, ihre Konflikte vor der Sitzung zu klären, und ihre Bedürfnisse nach Kontaktvergewisserung und Selbstdarstellungen bei einem kleinen Imbiß vor der Sitzung zu realisieren. Die Sitzungen dauern bei besseren Ergebnissen heute weniger als die Hälfte der Zeit.

Mit der Selbstdarstellung begegnen wir einer dritten kommunikativen Schicht. Jeder Mensch muß, um psychisch und sozial gesund zu bleiben, sich gelegentlich vor anderen selbst darstellen können. Dieses elementare Bedürfnis ist bei verschiedenen Menschen sehr unterschiedlich ausgeprägt. Nimmt eine Person in beschränktem Zeitrahmen zuviel davon für sich in Anspruch, erzeugt sie bei den anderen Menschen Angst, Aggression oder Resignation, die aus der Frustrationserwartung hervorgehen: »Ich komme nicht mehr dazu, mich auch entsprechend selbst darstellen zu können«. Zudem wird eine zu ausgiebige Selbstdarstellung als Dominanzanspruch empfunden und zumeist entsprechend abgewehrt.

Eine *vierte* kommunikative Schicht ist die der »versteckten Appelle« — etwa von der Art: »Ich möchte, daß du dich so entscheidest!« — »Ich möchte, daß du dies von mir hältst!« — »Ich möchte, daß du das nicht tust!« . . .

Erkennt ein Partner nicht die in einem längeren Gespräch oft wechselnde primäre Gesprächsintention des oder der anderen, wird er kommunikativ falsch reagieren und so die Kommunikation nicht zu einem optimalen Abschluß bringen, ja — im Wiederholungsfall den oder die Partner frustrieren. Ist er Vorgesetzter, wird solche Frustration ein starker Demotivator werden. Wir mußten gelegentlich bei Gruppen mit ausgeprägter Demotivation das Auswechseln des Vorgesetzten anraten, da dessen kommunikative Kompetenz für seine Funktion nicht ausreichend entwickelt war. In den meisten Fällen handelt es sich dabei um Personen, die — mehr oder weniger unbewußt — die Annahme, Abgabe und Verarbeitung von Information als einzige (oder doch einzig wesentliche) Funktion der Kommunikation ansahen, und für die Akzeptation des Bedürfnisses nach Kontaktvergewisserung und Selbstdarstellung ihrer Mitarbeiter ein unterentwickeltes Sensorium besaßen.

Eine schwerwiegende Verkennung der primären Intention

der dialektischen Prozesse besteht auch, wenn ich mir selbst nicht im Klaren darüber bin, was ich denn eigentlich will: Überzeugungstransfer oder Problemlösung. Nur dann nämlich kann ich einen Konsens über die gemeinsame Zielvorstellung erreichen, der allein ein befriedigendes Ergebnis sichert. Zudem sind die Strategien und Techniken der Problemlösungs- und der Überzeugungstransfer-Dialektik völlig voneinander verschieden. Da die meisten Menschen allenfalls die der Überzeugungstransfer-Dialektik beherrschen, versuchen sie, mit ihnen auch deren Probleme zu lösen. Unter dem Anschein oder der Vorgabe von Problemlösungen werden oft Überzeugungen transferiert. Aus Sachproblemen werden Personalprobleme. Eine der klassischen Schwierigkeiten für den Aufstieg vom Mittelmanagement ins Topmanagement scheint mir darin zu liegen, daß im mittleren Management die zu lösenden Probleme wesentlich Personalprobleme, die des Topmanagements vor allem Sachprobleme sind. Ein idealer Problemlöser der einen Stufe wird mit ziemlicher Sicherheit auf der anderen versagen.
Eine zweite zentrale Regel der Dialektik mag also lauten:

> Seien Sie sich darüber im Klaren, was Sie wollen (Problemlösung oder Überzeugungstransfer). Stellen Sie darüber in der Gruppe Konsens her und wenden Sie die Regeln der jeweiligen Dialektik an!

Da wir uns im Folgenden nahezu ausschließlich auf die Überzeugungstransfer-Dialektik beschränken werden, seien

hier die wichtigsten Regeln für eine Konferenz zusammengefaßt, die Probleme dialektisch lösen will:
Es kommt darauf an, daß das Problem nicht personalisiert wird, d. h. u. a., daß jeder seine Meinung ohne jeden Gesichtsverlust nach Maßgabe der Prüfung von Gründen ggf. ändern kann. Dazu ist dieses zu befolgen:
1) Jeder Teilnehmer nennt zu Beginn der Sitzung ihm erheblich erscheinende Gründe, die für und gegen eine bestimmte Problemlösung sprechen, ohne auch nur im Geringsten zu erkennen zu geben, in welcher Richtung er tendiert.
2) Der Leiter sammelt die Gründe und läßt sie (am besten abwechselnd einen Pro- und einen Contra-Grund) von den Teilnehmern auf ihre Tragfähigkeit hin prüfen.
3) Dazu verwendet er die Methode, daß er eine von ihm bestellte Gruppe den Grund verteidigen, eine andere den Grund angreifen läßt. So verfährt er mit allen genannten Gründen. (Es kommt nicht selten vor, daß die Liste der Gründe im Verlauf der Diskussion noch erweitert werden wird.) Sind alle Gründe zureichend geprüft, läßt der Leiter
4) über den Gesamtkomplex (also eine diskutierte Problemlösung) abstimmen. Erst in dieser Abstimmung erfahren die Teilnehmer die Position der anderen.
Sie werden zugeben, daß eine solche Konferenz einen für Sie ungewohnten Verlauf nimmt. Das aber beweist nur, wie wenig die Regeln der Problemlösungs-Dialektik noch bekannt sind.
Soviel zur Geschichte der Dialektik.

Einführung in die Hilfswissenschaften der Dialektik

Wie schon gesagt, setzt die zureichende Beherrschung dialektischer Techniken Grundkenntnisse aus verschiedenen Wissenschaftsbereichen voraus. Wir nannten:

- Hermeneutik,
- Linguistik,
- Kommunikationstheorie,
- Psychologie,
- Soziologie,
- Logik.

Ich möchte nun in diesem ersten Hauptteil des Buches Ihnen einige Einsichten aus diesen Wissenschaften vermitteln, insofern sie für die dialektische Praxis notwendig sind, um dialektische Abläufe richtig diagnostizieren und das eigene Verhalten entsprechend einrichten zu können. Die im zweiten Hauptteil des Buches genannten Regeln gelten nur für gewöhnliche Fälle. In Sonderfällen muß der Dialektiker auf die in diesem ersten Teil genannten Einsichten zurückgreifen, um sich richtig verhalten zu können. Zudem erscheint es für eine optimale Regelverwendung nicht nur nützlich, sondern auch notwendig zu sein, den Grund zu kennen, aus dem die Regeln hervorgehen.

I. Hermeneutische Aspekte der Dialektik

»Hermeneutik« ist die Wissenschaft vom Verstehen. Sie beschäftigt sich mit der Bedingung der Möglichkeit von Verstehen überhaupt. Da Dialektik in Sprache spielt, ist das

Verstehen und Verstandenwerden zwingende Voraussetzung jedes gelingenden dialektischen Prozesses.

Wie wird nun in der verbalen Kommunikation (und ganz Entsprechendes gilt auch für die nicht-verbale) Verstehen ablaufen?

Wir begegnen da verschiedenen Bedeutungen:

1. die subjektive Bedeutung, die der Sprecher seinen Sätzen gibt (gemeinte Bedeutung);

2. die Bedeutung, die seine Sätze für einen Durchschnitts-Menschen haben würde, der am dialektischen Geschehen nicht beteiligt ist, aber die verwandte Sprache ideal beherrscht (objektive Bedeutung);

3. die Bedeutung, die der Hörer wahrnimmt, wenn er das Gehörte nicht verarbeiten würde (subjektive Bedeutung) und

4. die Bedeutung, die die Sätze als verstandene für den Hörer haben (verstandene Bedeutung).

Zweifelsfrei können sich auf allen Stufen des Bedeutungswandels Störungen einschleichen, so daß die gemeinte und die verstandene Bedeutung eines Satzes oder einer Rede nicht mehr miteinander übereinstimmen. Diese Fehlerquellen muß man kennen, um sie eventuell verringern oder doch in Rechnung stellen zu können.

Die wichtigsten Fehler bei der Übertragung des Gemeinten in Sprache durch den Sprechenden werden sein:

- unzureichende Sprachbeherrschung,
- ungenaue Unterscheidung zwischen semantischer und emotionaler Bedeutung von Worten und Sätzen (der Sprecher vermeint nur zu wissen, worüber er redet, tatsächlich weiß er es nicht). So gibt es viele Leute, die von »Freiheit«

sprechen, ohne auch nur entfernt sagen zu können, worüber sie reden. Unter dem Anschein, etwas Inhaltliches mitzuteilen, sprechen sie über ihre Begleitassoziationen, die sich beim »Gefühl von Freiheit« einstellen.
Auch die Spannung von gemeinter und objektiver Bedeutung kann erheblich sein. Viele Menschen benutzen Worte in einer sehr individualisierten Bedeutung, die von der idealen lexikalischen erheblich abweicht. Hier können landsmannschaftliche Sprachherkünfte oder auch soziale Schichtendifferenzen erheblich werden.
Nicht wenige Hörer verstehen nun aber auch nicht die objektive Bedeutung eines Satzes, etwa weil ihnen die lexikalischen Bedeutungen vieler Begriffe unbekannt sind. Hierher gehören nicht nur viele Fremdwörter, sondern auch Wörter, die in der individuellen Hörersprache keine oder von der lexikalischen Bedeutung abweichende Bedeutungen haben. Besonders aber gilt das für die vielen Substantive und Verben, die eine vorwiegend emotionale Bedeutung tragen (wie etwa Freiheit, Sozialismus, Gleichheit, Sicherheit, Marktwirtschaft, Leistungsprinzip, Liebe, Gott . . .). Deren Bedeutungen sind, wenn sie überhaupt objektivierbar sind, nicht sicher auszumachen und hängen erheblich vom augenblicklichen Kontext ab.
Damit sind wir schon beim Übergang von der subjektiven Bedeutung des gehörten Wortes zu der verstandenen Bedeutung. Die verstandene Bedeutung ist ein nicht mehr zu analysierendes Gemisch von individuellen Vorgaben des Verstehenden (man spricht hier vom »hermeneutischen Potentialfeld«) und der subjektiven Bedeutung. Im hermeneutischen Potentialfeld sind Vorurteile, Interessen, Welt-

bildanteile, Wertvorstellungen und Wertfühlungen, Vorkenntnisse und Lebenserfahrungen eine komplexe Bindung eingegangen, die sich zudem durch die Aktivitäten des Vor- und Unbewußten ständig ändert. So kommt es denn vor allem zu zwei klassischen Formen des Mißverstehens:

- dem selektiven Zuhören, bei dem der Hörer nur das wahrnimmt, was seinen Erwartungen und Bedürfnissen entspricht und
- dem projektiven Zuhören, bei dem der Hörer seine eigenen Erwartungen mithört (seien es positive oder Skandalerwartungen).

Wir gehen davon aus, daß in einer normalen Gesprächssituation etwa 50% der vom anderen gesprochenen Rede durch Selektionen oder Projektionen erheblich inhaltlich verändert wird.

Projektionen und Selektionen lassen sich nur beschränkt durch Wiederholungen mit anderen Worten (also durch gesteigerte Redundanz) verringern. Sie sind nur zu minimalisieren, wenn der Sprecher seine Alterozentriertheit so trainiert, daß er sich weitgehend auf das hermeneutische Potentialfeld des Partners einstellen kann. Das setzt aber in aller Regel eine gute und lange Bekanntschaft voraus. In allen Fällen aber gilt es, die hermeneutischen Randbedingungen des gesprochenen Satzes möglichst exakt auszumachen. Es sind das vor allem:

- das erkenntnisleitende Interesse (was bestimmt Richtung und Inhalt des fortschreitenden Erkennens?),
- das handlungsleitende Interesse (an welchen Handlungsergebnissen ist der Partner vor allem interessiert?),

- die politische Orientierung (wirtschaftspolitische, parteipolitische, ideologische ...),
- die Wertehierarchie (welche Werte werden als »höchste« und unaufgebbare betrachtet? Wie sind die anderen Werte zu diesen und auf diese höchsten bezogen? Welcher Wert müßte in einem Wertekonflikt hintanstehen? ...),
- das Weltbild (welches sind die dominanten Inhalte des Partners in seinem Interpretieren von Welt, Gesellschaft, Geschichte?),
- das Weltwissen (welches positive Wissen bringt der Partner mit über Welt, Gesellschaft, Geschichte und wie hat er dieses Wissen koordiniert, wie integriert?),
- die bewußte und unbewußte Motivationsstruktur (was bewegt den Partner zum Handeln, was zum Entscheiden?),

[hierher gehört auch]
- die Vorurteilsstruktur (welche Urteile liegen aller Argumentation voraus, derart, daß sie durch keine rationalen Argumente aufgehoben werden können?)

Aufgabe:

Versuchen Sie, die gestellten Fragen für einen Partner zu beantworten, der
— ein Jungsozialist
— ein Schlagerstar
— ein Hilfsarbeiter,
— ein Koch,
— Ihre Ehefrau
— Ihr Sohn, Tochter,
— ein Politiker (einer Ihnen nahestehenden/fernstehenden Partei)
ist.
Markieren Sie die Antworten von denen Sie annehmen, daß Ihre Frau, Ihr Sohn, Ihr Kollege ... sie anders geben würden. Kontrollieren Sie — wenn möglich — die Richtigkeit Ihrer Vermutung. Mar-

kieren Sie die Antworten, von denen Sie vermuten, daß sie durch mangelndes Wissen ihrerseits falsch sein können.

Ziel der Aufgabe:

— Sensibilisierung für Fremdorientierungen,
— Erkennen der eigenen »Einfühlungsgrenzen«,
— Erkennen eigener Vorurteilsstrukturen.

Vergessen Sie nicht:

Die Kenntnis der Vorprogrammierung ist wichtig für die Strategie, die Sie anwenden müssen, um den anderen zu überzeugen, denn das setzt voraus, daß sie ihn — soweit möglich — verstehen.

Um sagen zu können, worüber Sie sprechen, müssen Sie in der Lage sein, Begriffe zu analysieren. Solche Begriffsanalysen sind ein wesentlicher Bestandteil der Dialektik. Erst wenn Sie darin fortgeschritten sind, besteht die Hoffnung, daß Sie einmal Strategien beherrschen, die es Ihnen erlauben, nicht mehr »am anderen vorbeizureden«. Ich will Ihnen im Folgenden einige solcher Begriffsanalysen vorstellen. Wichtig aber ist, daß Sie selbst ans Analysieren kommen. Geeignet sind alle Begriffe, die emotional besetzt sind, da bei deren Verwendung die Wahrscheinlichkeit, aneinander vorbeizureden, außerordentlich groß ist. Eine Begriffsanalyse geschieht in vier Schritten:

- Es wird der *Inhalt* des Begriffes ausgemacht. Hier unterscheiden wir notwendigen und freien Inhalt. Der notwendige Inhalt wird in der guten Definition des Begriffes auftauchen.
- Es wird der *Umfang* des Begriffes ausgemacht (d. h. es wird festgestellt, auf welche Situationen, Gegenstände oder Sachverhalte der Begriff anwendbar ist).

• Es werden *benachbarte Begriffe* gesucht und gegen den zu analysierenden abgegrenzt.
• Es wird versucht, das vom Begriff Bezeichnete in einen *Wertehorizont* einzubinden.

Ich will Ihnen das Gemeinte an zwei Begriffen erläutern:
a) *Analyse des Begriffs »Manipulation«.*
• Notwendiger Inhalt: »Manipulation« bezeichnet eine Verhaltensbeeinflussung zum Nutzen des Beeinflussenden oder eines Dritten.
Freier Inhalt:
a) die Verhaltensbeeinflussung oder ihre Intention darf nicht durchschaubar sein für den Beeinflußten.
Die Verhaltensbeeinflussung muß gegen den Willen des Beeinflußten erfolgen.
b) Der fremde Nutzen wird intendiert (tatsächlich vielleicht ein beiderseitiger Nutzen erreicht),
der ausschließlich fremde Nutzen wird intendiert und erreicht.
• Umfang des Begriffs: Manipulatorische Akte im Sinne der Definition sind u. a.:

Bitten	Befehlen	Werben	Fordern
Lügen	Überreden	Täuschen	Nötigen

Der Begriff umfaßt also eine Reihe von menschlichen Tätigkeiten, die recht alltäglich sind. Man kann sagen, daß zwischenmenschliches Leben ohne jede Manipulation nicht möglich ist. Diese Analyse mag dazu helfen, den Begriff zu entemotionalisieren, d. h. seine semantische Bedeutung über die emotionale zu stellen. Das ist wichtig, insofern die Besetzung bestimmter Begriffe mit gezielten emotionalen Bedeutungen ein wichtiges Instrument der Demagogie ist. So besetzte etwa Hitler die Begriffe »Judentum«, »Kommunismus«, »Kapitalismus« . . . negativ, um damit auch deren Vertreter als minderwertig zu denunzieren. Er hatte damit erheblichen Erfolg, der bis ins Heute noch nachweisbar ist. Ähnliches geschah mit dem Begriff »Manipulation« gegen Ende der 60er Jahre.
• Verwandte Begriffe: Verwandt sind dem Begriff »Manipulation« Begriffe wie:
Edukation (Verhaltensbeeinflussung zum Nutzen des Beeinflußten), Sozialisation (Übernahme von Verhaltensmustern, die einen Menschen in einer Gesellschaft fähig machen zu sinnvollen sozialen Interaktionen).

• Wertungen: Wie für viele menschliches Verhalten beschreibende Begriffe gilt auch für den der Manipulation:
Unsittlich handelt der, der
a) den Schaden des anderen will,
b) den Schaden des anderen nicht bedenkt,
c) den Schaden des anderen zuläßt, ohne vorhergehende Güterabwägung, die den fremden Schaden in Verbindung setzt mit dem Nutzen, der ihm oder anderen daraus erwächst.

b) *Analyse des Begriffs »Freiheit«.*
Da der Begriff »Freiheit« in verschiedenen Sprachspielen sehr verschiedenes bedeutet, muß man zunächst die Bedeutungen in den verschiedenen Sprachspielen gegeneinander abgrenzen. Das geschieht durch Festlegung der *notwendigen* Inhaltsmerkmale, die der Begriff in einem bestimmten Sprachspiel hat. So kann man unterscheiden:
Politische Freiheit = das Fehlen von äußeren zur Disposition von Menschen stehenden Zwängen, wenn zugleich ein möglichst niedriges Niveau von notwendigen Zwängen institutionalisiert wird.
Entscheidungsfreiheit = die Möglichkeit in Entscheidungssituationen etwas zu tun oder zu lassen und, wenn man sich fürs Tun entscheidet, dieses oder jenes zu tun. (Es kann sein, daß dieser Begriff von Freiheit leer ist — d. h. keinen konkreten Anwendungsfall kennt, dann nämlich, wenn wir durch vor- oder unbewußte oder soziale Mechanismen im Handeln determiniert sind. Der Entscheidungsfreiheit entspräche in Realität nur das *Gefühl von Freiheit).*
Personale Freiheit = die Fähigkeit, sich selbst in seiner Individualität, Sozialität, Historizität, Grenzhaftigkeit, Weltlichkeit verwirklichen zu können. Das Fehlen innerer oder äußerer Zwänge ist für diese Freiheit keine notwendige Bedingung, wenn nur innere Zwänge nicht zu sehr dominieren.
Ich will im Weiteren den Begriff der *politischen Freiheit* analysieren.
• Freier Inhalt: über die notwendigen Zwänge wird demokratisch befunden, die notwendigen Zwänge werden stets auf ihre reale Notwendigkeit hin überprüft.
Es wird ein Gesellschaftssystem angestrebt, in dem die notwendigen Zwänge möglichst nach Intensität und Extensität gering sind.
Im Zweifelsfall gilt eine staatliche Zwangsmaßnahme als nicht notwendig.
Die Gesetzgebung hat darauf zu achten, Räume zu sichern und zu schützen, in denen die Bürger freie Initiativen und spontane Aktivitäten entfalten können.

- Umfang des Begriffs: Es gibt vermutlich keine politische Ordnung, in der politische Freiheit voll verwirklicht ist. Die politischen Systeme sind daran zu messen, in welchem Umfang sie das *Ideal* der politischen Freiheit zu verwirklichen versuchen (immer unter der Voraussetzung, daß politische Freiheit als ein anzustrebendes Gut betrachtet wird).
- Verwandte Begriffe:

— soziale und ökonomische Freiheit (mit analoger Definition des Freiheitsbegriffs),
— personale Freiheit (weil oft mit politischer verwechselt),
— Willkürfreiheit mit dem Ideal des Fehlens aller Zwänge.

- Wertung: Seit der französischen Revolution und der Betonung der Individualität vor der Sozialität der Person, gilt die politische Freiheit als hohes zu schützendes Rechtsgut in allen Gesellschaftsformen, in denen dieser relative Individualismus werthaft besetzt wird.

Der politischen Freiheit kommt kein absoluter Wert zu. Ist sie nur zu realisieren durch die Internalisierung von Zwängen (innere Zwänge) vieler Bürger, die eine optimale Entfaltung der personalen Freiheit beschränkt oder gar unmöglich macht, ist sie sittlich abzulehnen.

Diese beiden Begriffsanalysen mögen Ihnen zeigen, wie wichtig für jede Form dialektischer Kommunikation die Begriffsanalyse ist. Sie allein erst gestattet, den dialektischen Prozeß auf ein rationales Niveau zu heben. Sie allein gestattet sicherzustellen, daß alle beteiligten Partner über dasselbe Thema sprechen. Hören Sie sich einmal eine Diskussion über die Themen »Manipulation« oder »Freiheit« an, und Sie werden feststellen, daß nahezu alle Beteiligten über etwas ganz anderes reden. Um den Partner also verstehen und sich selbst dem Partner verständlich machen zu können, ist Begriffsanalyse in aller Regel *notwendige* Voraussetzung. Für die konkrete Dialektik heißt das, daß Sie Begriffsanalysen üben müssen, um

- einmal sagen zu können, worüber Sie sprechen (das ist

eine Frage der intellektuellen — und nicht nur dieser — Redlichkeit)

- zum andern verstehen können, was der Partner eventuell meinen mag, wenn er einen emotionsbesetzten Begriff verwendet.

Die Fähigkeit zur Begriffsanalyse ist also eine notwendige Voraussetzung für gekonnte Dialektik. Bitte üben Sie sie etwa an folgenden Begriffen:

Marxismus	Kapitalismus	Anarchismus
Liberalismus	Christentum	Sozialismus
Terrorismus	Marktwirtschaft	Privateigentum
Gleichheit	Solidarität	Gerechtigkeit
Theorie	Praxis	Wissenschaftlich

Ich bin mir nahezu sicher, daß alle diese Begriffe bei Ihnen eine bestimmte Emotion auslösen, ohne daß Sie tatsächlich wissen, was diese Begriffe bedeuten. Da Menschen anderer ideologischer oder Bildungsherkunft diese Begriffe anders emotional besetzen als Sie, können Sie sich nur auf einer rational verantworteten Ebene, die Sie auch mitteilen können, verständlich machen. Meine Mitarbeiter und ich haben uns zahlreiche Bundestagsdebatten vorgenommen, und das Phänomen des Aneinandervorbeiredens auf Grund mangelnder Fähigkeit zur Begriffsanalyse untersucht. Das Ergebnis war eher deprimierend. Die weitaus meisten Redner — auch der ersten Garnitur — sind nicht in der Lage, klar zu sagen, worüber sie eigentlich sprechen. Die »Einheit der Demokraten« geht z. T. verloren, weil sich heute kaum jemand dem unterwirft, was seit Th. W. Adorno in der Philosophie als *»Mühsal des Begriffes«* bekannt ist — und was heute zu einer der Hauptbeschäftigungen derer gewor-

den ist, die für die Erhaltung und Entfaltung menschlichen Bewußtseins die Verantwortung übernommen haben — der Philosophen. Es ist ein trauriges Kapitel unserer Gegenwartsgeschichte, daß die meisten Menschen nicht mehr in der Lage sind, zu sagen, worüber sie eigentlich reden. Das sollte anders werden. Wenn Sie also planen, nicht nur in den Vorhöfen der Dialektik stehen zu bleiben, sollten Sie Begriffsanalysen immer wieder üben. Unvermeidlich sind sie, wenn Sie sich daran machen, mit Menschen anderer Vorurteilsstruktur als der Ihren zu diskutieren.
Zum rechten Verstehen und zum Sich-richtig-Verständlichmachen gehören aber auch eine Reihe von eher trivialen Techniken, die Sie — wenn Sie in der Dialektik auch nur Mittelmaß erreichen wollen — *unbedingt* beherrschen *müssen.* Hierher gehören die Grundregeln des richtigen Hörens und richtigen Sprechens. Einige davon seien hier genannt:

Einige Grundregeln des richtigen Zuhörens

Daß Zuhören keine passive, sondern eine aktive Beschäftigung ist, hat sich heute allgemein herumgesprochen. Damit es zu einem aktiven Tun werden kann, sind einige Regeln unverzichtbar, die z. T. in bestimmten Grundeinstellungen zum anderen Menschen gründen (etwa der Akzeptation seiner Würde). Verstöße gegen diese Regeln können zumeist nicht durch Training bestimmter Techniken behoben werden, sondern nur durch eine neue Grundorientierung.
Hier also einige Regeln:
Hören Sie geduldig zu.
»Geduld« (hypomoné) bedeutete im Griechischen ein tapfe-

res Standhalten. Aristoteles zählt die Geduld zur Tapferkeit und stellt sie der Feigheit entgegen. Auch die Stoa ist überzeugt, daß nur geduldige Gelassenheit zu seelischer Größe führe. Erst eine hektisch-betriebsame Zeit konnte in der Ungeduld einen gewissen Wert erkennen. Heute steht das Mühen um Geduld (als eines aktiven Tuns und nicht eines passiven Erleidens) wieder in den profanen Tugendkatalogen verzeichnet. Für das *geduldige Zuhören* bedeutet das u. a.

- unterbrechen Sie niemals einen Menschen,
- brechen Sie niemals ein Gespräch ab (sondern setzen sie ihm zuvor ein Zeitlimit),
- hören Sie stets bis zu Ende zu.

Das letztere ist ganz besonders schwierig, wenn

- die eigene Konzentrationsfähigkeit gering ist,
- wenn man fürchtet, am Ende des Zuhörens etwas vergessen zu haben, auf das man glaubte, unbedingt eingehen zu müssen,
- wenn man während des Zuhörens schon seine Gegenrede plant,
- wenn man sich während des Zuhörens *hörerinadäquat* verhält (also dem Sprecher etwa nicht Blickkontakt anbietet und statt dessen mit einem Kugelschreiber oder etwas anderem spielt, wenn man in Akten blättert oder auch nur in der Gegend umherschaut. Ein Verhalten, das der Sprecher nicht als auf seine Rede bezogen interpretieren kann, vermittelt ihm den Eindruck, daß Sie an dem Gesagten wenig oder gar nicht interessiert sind).

Viele schlechte Zuhörer schalten auch einfach ab, wenn der Sprecher keine neuen oder wesentlichen Informationen lie-

fert. Sie wissen nicht um die Bedeutung der dritten Regel des Platon, nach der jede menschliche Kommunikationsinteraktion auf allen vier Ebenen spielt, der informativen, der kontaktiven, der selbstdarstellerischen und der appellativen. Sie wissen also nichts vom anderen Menschen und seinen elementaren sozialen Bedürfnissen, die sich auch sprachlich darstellen.
Andere schlechte Zuhörer neigen zu Projektionen oder Selektionen (darüber wurde schon gehandelt).
Wieder andere sind unfähig zu aktivem *analytischen* Zuhören. Damit ist gemeint, daß der gute Zuhörer *während* des Hörens das Gehörte in wenigstens vier Dimensionen analysiert:

- was sind die *faktischen* Voraussetzungen, Konsequenzen und Implikationen, wenn das, was gesagt wurde, stimmig ist?
- was sind die *logischen* Voraussetzungen und Implikationen, die der Sprecher als geltend voraussetzt (darüber werden wir im Abschnitt »Logik« handeln)?
- Was ist das für ein Sprachspiel, das der Sprecher verwendet? Diese Analyse setzt die Fähigkeit zur Begriffsanalyse während des Zuhörens voraus.
- Zudem muß hier die Frage beantwortet werden: Will der Sprecher primär oder ausschließlich überzeugen oder aber will er im Gespräch Probleme lösen?

Das Erkennen der impliziten Intentionen oder Implikationen ist eine wichtige Voraussetzung für gekonnte Dialektik. Auch hier kommt es zumeist nicht nur auf die Beherrschung bestimmter Techniken an, sondern auf eine grundsätzliche Neuorientierung der Persönlichkeit hin auf *Alterozentrierung.*

Einige Grundregeln des richtigen Sprechens.

Die meisten Sprecher sind davon überzeugt, daß sie sich verständlich und zureichend überzeugend ausdrücken. Diese Überzeugung ist in aller Regel irrig. Darum seien hier einige Hinweise fürs richtige Sprechen gegeben.
Sie sollten bei Gesprächen oder Sitzungen oder Konferenzen sorglichst auf Folgendes achten:

- Der Zuhörer soll das, was Sie sagen, inhaltlich zutreffend wiederholen können. Ist das nicht der Fall, dann waren Sie entweder in Ihrer Darstellung unter- oder überredundant, haben Sie zu ungegliedert (amorph) oder zu wenig plakativ (anschaulich) gesprochen.

> Merke: Sie haben gut gesprochen, wenn der Hörer sie inhaltlich zutreffend wiedergeben kann. Sie haben sehr gut gesprochen, wenn er dazu nicht wesentlich weniger Worte verwendet als Sie bei Ihrer Darstellung.

- Der Zuhörer soll von Ihnen nicht irritiert werden, wenn Sie in einer Art von Ideenflucht, ihre Gedanken nicht logisch, sondern assoziativ ketten. Solche assoziativen Ketten kommen zustande, wenn Sie nicht das nur sagen, was Sie sagen wollten, ehe Sie zu sprechen begannen, sondern Ihrer Fähigkeit zum Sprechdenken freien Lauf lassen.

Uns allen geht es so, daß wir jene Einfälle, die uns während des Sprechens kommen, für außerordentlich wichtig, und deshalb für unbedingt sagenswert halten. Das ist in aller Regel falsch und macht aus unserem Beitrag einen amorphen und ungegliederten Wortschwall, deren Bedeutung ein normaler Zuhörer nur begrenzt erfaßt, weil er nicht die gleichen assoziativen Brücken begeht wie wir.

Nun soll das aber nicht heißen, daß Sie sich stets im Sprechen so disziplinieren sollen. Es gibt Situationen, in denen solche Disziplinierung unangemessen und wenig angebracht wäre. Das sind vor allem kommunikative Situationen, in denen die Sprache vorwiegend verwandt wird, um Kontakte aufzubauen oder zu vergewissern, wo es um versteckte Appelle oder auch um Selbstdarstellung geht. Da Sie aber selbst bei dialektischen Veranstaltungen (wie Konferenzen oder Sitzungen) solche Formen der Kommunikation meiden sollten (ohne sie bei anderen zu unterdrücken), gelten hier die beiden genannten Regeln ziemlich ausnahmslos.

Viele Fehler werden auch beim Fragen gemacht. Die beiden häufigsten:

- Es wird zu wenig gefragt. Zumindest, wenn mir etwas an den Ausführungen des Partners problematisch, unverständlich oder »fragwürdig« zu sein scheint, sollte ich stets nachfragen. Auch um sich zu vergewissern, ob man ihn richtig verstanden habe, sollte man den Punkt seiner Ausführungen, auf die man selbst eingehen möchte, noch einmal vergewissernd-fragend zusammenfassen.

Die Antworteröffnung mit »Sie sagten . . .«, »Sie behaupteten . . .«, »Sie unterstellten . . .«, »Sie vermuteten . . .« oder auch elegantere und eingekleidete Formen solcher Vergewisserung sind sehr viel häufiger angebracht, als man gemeinhin annimmt.

• Man stellt Fragen, mit deren Antwort man voraussichtlich nicht einverstanden ist. Angenommen Sie möchten Ihren Urlaub in Finnland verbringen, Ihre Frau aber — wie Sie vermuten — in Tunesien, dann ist es einfachhin töricht zu fragen: »Liebling, wo sollen wir unsere Ferien in diesem Jahr machen?« Was dabei herauskommt ist zumeist ein Streit, der nur ganz undialektisch beigelegt werden kann. Der geschickte Dialektiker wird vielmehr auf der Begründungsebene argumentieren: »Liebling, ich habe mir gedacht, wir wollen in unserem Urlaub wieder einmal ganz für uns alleine sein — wie etwa auf der Hochzeitsreise. Und da habe ich mir schon einen kleinen See in Finnland mit einem kleinen Blockhaus ausgesucht. Da möchte ich gerne mit Dir allein zwei Wochen leben.«

Nun soviel zum Kapitel »Hermeneutik«, der Wissenschaft, die vom Verstehen und dem Sich-Verständlichmachen handelt. Wir haben uns dabei ausschließlich auf die verbale Kommunikation beschränkt. Auch die non-verbale hat ihre eigene Hermeneutik. Davon soll in einem folgenden Kapitel die Rede sein.

II. Linguistische Aspekte der Dialektik.

»Linguistik« ist die Wissenschaft von der menschlichen Sprache. Sie hat das Ziel, menschliche Sprache zu beschreiben und zu erklären in ihren inneren Beziehungen, ihrer gesellschaftlichen Abhängigkeit und ihren Entstehungszusammenhängen. Ich will Ihnen hier einige Aspekte der Linguistik vorstellen, insoweit sie für die Beherrschung dialektischer Praxis wichtig sind.

1. *Fragen zur Soziolinguistik*

Nahezu alle Menschen verwenden in verschiedenen Sprechsituationen verschiedene Sprachcodes. »Sprachcode« meint einen bestimmten Übersetzungstyp aus der vorsprachlichen Vorstellung in die sprachliche Formulierung. Dabei wird unser Vorbewußtes aktiv tätig. Es versucht, durch die Auswahl von geeigneten Worten und grammatikalischen Regeln Sätze zu produzieren, die »seiner Überzeugung« nach der gemeinten Vorstellung am nächsten kommen. Dabei benutzt es zwei verschiedene Register, die vor allem die Syntax der Sätze betreffen. Die Wahl des Registers hängt — soweit wir heute wissen — von der sozialen Situation ab, in der die Redeszene spielt. Handelt es sich um eine *Subordinationsinteraktion* (wird also vertikal, von oben nach unten oder umgekehrt, also in Herrschaftssituationen gleich welcher Art miteinander umgegangen), verwenden nahezu alle Menschen einen komplizierten Sprachcode, den wir EC (elaborierter Code) nennen wollen. In

Koordinationsinteraktionen (wenn etwa die Kommunikation im Horizont von Kameradschaft, Freundschaft, Liebe . . .) spielt, wird die Sprache meist sehr viel einfacher. Wir sprechen dann von einem RC (restringierten Code).

Einige wesentliche Merkmale, die die beiden Codes voneinander scheiden, seien hier angeführt.

Für den EC gilt:

a) die Satzstrukturen sind komplexer (es werden häufiger Nebensätze verwandt — und diese sind nicht selten verschachtelt),

b) Begründungen werden deutlich gemacht (»weil«, »deshalb« . . .),

c) der aktive Wortschatz stammt aus einem größeren Bereich (seltene und seltsame Worte — auch Fremdworte — kommen häufiger vor),

d) die Sprache wirkt abstrakter (d. h. generalisierter und nicht auf die konkrete Situation bezogen),

e) Gestus und Mimik sind reduziert und unterstreichen allenfalls das Gesagte, ohne neue Information zu liefern oder das Gesagte zu interpretieren.

f) Sprechpausen, in denen der Sprecher nach Worten sucht (Codierungsschwierigkeiten), kommen häufiger vor.

Offensichtlich ist es notwendig, beide Codes sicher zu beherrschen und *gezielt* einsetzen zu können, je nachdem ob man eine kommunikative Szene in Koordination oder in Subordination gestalten möchte.

Neben den genannten Codeunterschieden gibt es auch deutliche Unterschiede in den verwandten Floskeln. In Subordinationsinteraktionen werden häufig *Distanzfloskeln* verwendet, die vermutlich die Dominanz des Sprechers (scheinbar) erträglicher machen sollen. Hierher gehören Wendungen wie:

- ich möchte meinen ...
- darf ich Sie bitten ...
- könnten Sie vielleicht ...
- ich bedanke mich. [Das schöne deutsche »Danken« wird von der transitiven Form (»Ich danke Ihnen«) in eine unpersönliche reflexive überführt, so daß man sich fragen kann, ob der Dankende sich mit seiner rechten Hand die linke oder mit seiner Linken die rechte drückt.]

Das Problem ist nun Folgendes: Auf Grund unserer Erziehung neigen wir dazu, bevorzugt Koordinations- oder Subordinationssituationen herzustellen. Das kann soweit gehen, daß wir uns in den anderen nur dann wohlfühlen, wenn wir sie emotional voll beherrschen. Allgemein gilt: Ein Mensch, der seine Normen in Subordinationsinteraktionen (etwa mit seinen Eltern) internalisierte, neigt dazu, Situationen herzustellen, in denen er sich normensicher verhalten kann, d. h. zu Subordinationsinteraktionen. Umgekehrt fühlt sich ein Mensch, der seine Normen (darunter auch die der Sprache) in Koordination (etwa durch Nachahmung) lernte, sozial und sprachlich am sichersten, wenn, falls normengeleitetes Verhalten angefordert ist, Koordinationsinteraktionen die Szene bestimmen.

B. Bernstein konnte zeigen, daß die Übernahme von Normen in Unterschichtfamilien bevorzugt in Koordinationsinteraktion, in der Mittelschicht bevorzugt in Subordinationsinteraktionen geschieht (gemeint sind hier ausschließlich die internalisierten und nicht nur die wegen äußerer Sanktionen übernommenen Normen).

Des weiteren gilt heute als zureichend gesichert:

- dem RC entspricht eher eine konventionelle, eher dem sozialen Status als der konkreten Person verpflichteten Interaktion, wenn es sich um Subordinationsmuster handelt.
- Die soziale Offenheit, das intellektuelle Neugierverhalten, die Suche nach emotionalen Anregungen ist bei RC-Benutzern ärmer und eher auf feste Gleise fixiert.
- Ebenso werden bei ihnen Fixierungen auf bestimmte Denkschemata (und damit auch Redewendungen) deutlich.
- Die Benutzer des RC neigen dazu, einmal erworbene Meinungen starr festzuhalten.
- Sie neigen dazu, eher eine konservative, denn eine progressive Haltung einzunehmen.
- Die Angstschwelle liegt niedrig, die Schuldschwelle hoch.
- Sie akzeptieren Autorität eher auf Grund unmittelbarer Kommunikation, denn auf Grund allgemeiner Prinzipien.

Es gilt jedoch *unbedingt* daran festzuhalten, daß *alle* Menschen beide Codes prinzipiell beherrschen und in entsprechenden Situationen auch anwenden. Nur neigt eine Gruppe dazu, Koordinationsinteraktionen aufzusuchen oder herzustellen, die andere Subordinationsinteraktionen zu suchen oder zu produzieren, weil jede Gruppe die Situation herzustellen oder aufzusuchen versucht, in der sie sich normengeregelt und damit psychisch und sozial entlastet darstellen kann.

Offensichtlich ist es für gekonnte Dialektik notwendig, emotional und sozial sowohl Koordinations- als auch Subordinationssituationen zu beherrschen und gegebenenfalls auch herstellen zu können. Man muß in der Lage sein, auf die sprachlichen und emotionalen Schwierigkeiten eines

Menschen sinnvoll eingehen zu können, dessen internalisierte Normen im Wesentlichen nur den Bereich von Koordinationsinteraktionen abdecken — und dem, wegen der Normenunsicherheit, Subordinationsinteraktionen Angst machen. Man muß aber auch darum wissen, daß den im Rahmen von Subordination gebildeten Menschen es nicht leicht fällt, sich im Bereich von Koordination (Liebe, Freundschaft, Solidarität, Kameradschaft) normensicher oder gar normengeleitet zu verhalten, und daß hier Normen über Ritualisierungen immer wieder neu ausgehandelt werden müssen. So kann deren Verhalten in Koordinationsinteraktionen eher unsicher, ja unzuverlässig wirken, ehe sekundär ausgebildeten Normen Verhalten zu regeln beginnen.

2. Fragen der linguistischen Relativität.

Das »linguistische Relativitätsprinzip« besagt, daß jede Sprache eine spezifische Weltsicht darstellt. Sprache ist also ein Wahrnehmungsfilter. Sie legt fest, was wir wie wahrnehmen und gegen anderes abgrenzen. Für Gegenstände, die nicht schon durch ihre Funktion vom allgemeinen Welthintergrund abgehoben sind (Lebewesen, Werkzeuge, Gebäude ...) geschieht die Abgrenzung durch das Vorhandensein eines bestimmten Begriffes (nach Maßgabe dessen Inhalts). Unsere praktischen Welten sind also Sprachwelten. Über die »Welt an sich« wissen wir so gut wie nichts.
Folgende Skizze mag das Gemeinte verdeutlichen:

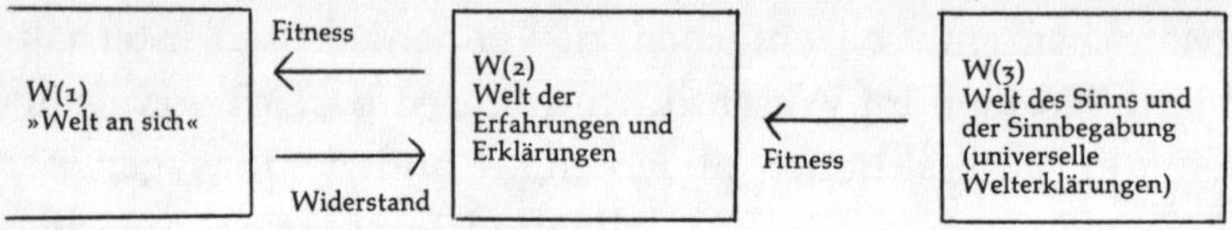

Wir unterscheiden *drei Welten.* Die erste ist die »Welt an sich«. Von ihr wissen wir nur insoweit etwas, als sie sich in bestimmten Situationen unseres Tathandelns oder auch Sprech- und Ausdruckshandelns zur Wehr setzt (= unmittelbar oder mittelbar Widerstand leistet). Unsere Handlungen haben nicht den erwarteten Erfolg oder Ausgang. Über alle Aspekte von W(1), den materiellen, den sozialen, der psychischen, können wir also, insofern es sich dabei nicht um von uns gestaltete Kulturwelt handelt, — mit Wahrheitsanspruch — nur negative Aussagen machen, die die Widerstandserfahrung widergibt. Die Welt unserer Beobachtungen und Erfahrungen und der Erklärungen solcher Beobachtungen und Erfahrungen W(2) ist weitgehend bestimmt durch den Horizont unserer Sprache. Sie steht mit der W(1) einer Fitness-Relation in Beziehung. Ist W(2) fit, dann kommt es zu wenig Protesten durch W(1). Endlich ist von diesen beiden Welten zu unterscheiden die »Sinnwelt« — W(3) —. W(3) umfaßt alle universellen Erklärungssysteme eines Menschen über sich selbst, seine Geschichte, seine Welt, von Gesellschaft und Leid ... Diese W(3) steht nun ausschließlich zu W(2) in einer Fitness-Relation, ohne daß sich W(2) gegen Fehlinterpretationen wehren könnte. Die Konstruktion von W(3) ist also weitgehend der Willkür und dem Belieben von Personen, Gruppen oder Gesellschaften anheim gestellt. Doch diese Willkür hat eine

Grenze: Die der Sprache, in der W(3) konstruiert wird. Und sie hat auch nur die Möglichkeiten, die ihr die Sprache bietet. Die Fitness-Relation ist also recht locker: Es gibt Menschengruppen und -gesellschaften, die durch lange Jahre lebenswidrige W(3) konstruiert haben. Die Unbrauchbarkeit einer W(3) ist daran zu messen, daß sie sich von W(2) völlig ablöst und keinerlei Beziehungen mehr zu ihr aufnimmt. So sind manche Formen christlicher Religiosität oder die meisten Marxismen von dieser Art. Obschon sich die Unmöglichkeit erwiesen hat, sie irgendwie regulierend auf W(2) abzubilden und sie so in eine *sinnvolle und produktive* Fitness-Relation zu W(2) zu bringen, bestehen sie ziemlich unbelästigt von jeder Erfahrung weiter.
Ich will Ihnen die sprachliche Relativität an einigen Sätzen L. Wittgensteins (aus dem Tractatus logico-philosophicus) auszuführen versuchen:

a) Die Grenzen meiner Sprache bedeuten die Grenzen meiner Welt. (Tr. 5.6)

»Meine Welt« ist natürlich immer nur W(2) und W(3). Selbst sogenannte »Naturgesetze« handeln nicht über W(1), sondern über die Welt als erfahrene [also über W(2)]. Außerhalb meiner Sprache kann ich keine Begriffe bilden und somit auch nichts erkennen, was an Begriffsbildung gebunden ist. Auf der anderen Seite bedeutet jedoch jede Sprachdehnung auch eine Dehnung der Weltgrenzen. Die Dehnung der eigenen Sprache ist also Voraussetzung für eine umfassende und die Bedingung für eine plurale Welt-

sicht, die es mir erlaubt — innerhalb bestimmter Grenzen — fremde Welten zu verstehen. Eine Voraussetzung aber jeder gekonnten Dialektik ist die Fähigkeit, sich in fremden Denkwelten zureichend zurecht zu finden. Das aber ist nur möglich durch die Dehnung der eigenen Begriffswelt. Die Beherrschung einer möglichst umfassenden Begriffssprache ist also keineswegs nur eine rhetorische Forderung, sondern ein zwingendes dialektisches Postulat.
Sicherlich ist die Sprach- und Weltdehnung nicht beliebig zu leisten, denn die bestehenden Sprachvorgaben lassen nur beschränkte Weitungen zu. Doch erlauben diese prinzipiell wenigstens ein Verstehen fremder W(2), wenn sie sich in einer europäischen Sprache darstellt.

b) Alles was überhaupt gedacht werden kann, kann klar gedacht werden. Alles was sich aussprechen läßt, läßt sich klar aussprechen. (Tr. 4.116)

Dieser Satz liest sich trivial. Wer aber einmal genau hinhört, wird bald bemerken, daß er nicht selten das Gefühl hat, eine Sache nur unklar sagen (oder denken) zu können. Das ist eine prinzipielle Täuschung. Meist liegt ihr zugrunde die Absicht, emotionale Bedeutungen mitzuteilen. Sie aber lassen sich nicht sagen — und somit auch nicht klar. Nocheinmal sei es gesagt: Wenn emotionale Bedeutungen von Worten im Spiel sind, ist *eine* Voraussetzung jedes verantworteten Redens überhaupt die rationale Begriffsanalyse (wie sie oben vorgestellt und gefordert wurde). Sicherlich gibt es Unaussprechliches. »Dies zeigt sich, es ist das Mystische.« (Tr. 6.522). Wittgenstein beendet seinen Tractatus mit dem auch dialektisch beherzenswertigen Satz:

c) Wovon man nicht sprechen kann, darüber muß man schweigen. (Tr. 7)

Es gibt zwar immer noch Menschen, die versuchen, gegen die Grenzen ihrer Sprache anzurennen. Aber sie dürften sich nur Beulen an Herz und Hirn zufügen. Die Akzeptation der Grenzen der eigenen Sprache und damit der eigenen Welt ist eine zwingende Voraussetzung für jedes humane Menschsein, das den narzißtischen Traum vom Allverstehen oder vom intellektuellen Allbeherrschen nicht mehr träumt. Er ist in der Tat eher pubertär.

III. Kommunikationstheoretische Aspekte der Dialektik

»Kommunikation« bezeichnet eine über symbolische Zeichen vermittelte Interaktion zwischen Menschen. Diese Zeichen können Sprachzeichen (Worte, Sätze, Reden), aber auch andere wie die der Liebe (Schenken, Umarmen, Streicheln ...) sein. Wir handeln hier ausschließlich von sprachlicher Kommunikation. »Interaktion« bezeichnet jede aktive Wechselbeziehung zwischen sozialen Gebilden (Personen, Gruppen, Gesellschaften). Diese Wechselbeziehung wird durch Angebote und deren Annahme zu gemeinsamen Handeln (Sprachhandeln, Tathandeln ...) begründet. Interaktion ist nur möglich, wenn die Interaktionspartner in der Lage sind, die wechselseitigen Angebote zu verstehen und angemessen auf sie zu reagieren. Das gilt auch und vor allem für die kommunikative Interaktion.

Da man soziale Gebilde (also auch die menschliche Person) ohne Schwierigkeit von ihrer Fähigkeit her definieren kann, Interaktionsangebote zu machen und mit fremden umzugehen — eine Fähigkeit, die zum guten Teil in der individuellen Geschichte der Interaktionserfahrungen gründet, mag von hierher auch die Bedeutung der Kommunikation für jeden Menschen deutlich werden. Wir pflegen, weil wir radikal Sozialwesen sind, uns den Kommunikationsangeboten anderer Menschen möglichst anzupassen. Diese entsprechen deren Erwartungen an uns, und dem Bild, das sie sich von uns gemacht haben. Man kann ohne Übertreibung sagen, daß wir durch unsere Erwartungen, die wir an einen Menschen haben, ihn selbst »schaffen« und durch die Erwartungen, die Menschen im Laufe unserer individuellen

Geschichte an uns gestellt haben und die somit ihre Kommunikationsangebote bestimmten, uns weitgehend zu denen machten, die wir heute sind.
Kann ein Mensch mit den Kommunikationsangeboten anderer auf die Dauer nichts anfangen — interpretiert er sich also selbst grundlegend anders als seine Kommunikationspartner es tun, dann bleibt ihm nur die Flucht in die Einsamkeit der Vereinzelung oder einer Wahnwelt. Und damit kommen wir zur dritten Grundregel jeder Dialektik:

Machen Sie anderen Menschen Kommunikationsangebote, die sie akzeptieren können, weil sie mit ihrem Selbstverständnis nicht im Widerspruch stehen.

Ein Verstoß gegen diese Regel kann Menschen zerstören, ganz sicher aber zerstört sie jede Kommunikation — und die ist die Voraussetzung für jede Form der Dialektik, die nicht monologisch entartet.
Ich will im Folgenden über einige Grundregeln der »kommunikativen Kompetenz« handeln. Damit ist die Fähigkeit gemeint, kommunikative Situationen herzustellen, die eine adäquate Reaktion des Partners erlauben, bzw. die Fähigkeit, sich in solchen Situationen entsprechend einzufühlen.

a) Soziale Situation und Redesituation konstituieren sich wechselseitig.

Die soziale Situation ist bestimmt etwa durch folgende Merkmale:

- Subordination — Koordination,
- Mit-Menschen-sprechen — Zu-Menschen-Sprechen — Über-Menschen-sprechen,
- Wahrheitsanspruch — Vermutung — Meinung,
- Erfahrung — Erklärung — Begründung
- Sein (Zustände, Geschehnisse) — Soll (sein, geschehen) ...

Offensichtlich bezeichnen alle diese Worte bestimmte soziale Situationen, d. h. das Zusammen und Auseinander der Kommunikationspartner ist bestimmt durch die durch diese Worte bezeichnete Situation. Offenbar muß die Rede selbst ausdrücklich oder unausdrücklich klar machen, welche soziale Situation gemeint ist. Das Verkennen der sozialen Situation führt in aller Regel zu erheblichen Kommunikationsstörungen. Die erste Forderung der sozialen Kompetenz besagt also: *Seien Sie sich darüber im Klaren, welche soziale Situation den Rahmen für das gegenwärtige Kommunikationsgeschehen bildet, und stellen Sie sich darauf ein. Bemerken Sie, daß Sie selbst oder einer ihrer Kommunikationspartner über die soziale Situation sich im Unklaren ist, machen Sie sie zureichend deutlich.*

b) Kommunikative Angebote müssen in einem Erfahrungshorizont interpretierbar sein.

Ein kommunikatives Angebot, das keinen möglichen Erfahrungsbezug hat, wird in aller Regel inadäquat beantwortet. Das liegt in der Tatsache begründet, daß nur das Tathandeln (und die dabei gemachten Erfahrungen) objektivierbar (d. h. für jeden Menschen mit ähnlichen Interessen, Erwartungen und Kenntnissen adäquat nachvollziehbar) ist. Das kommunikative Angebot muß also irgendwie in den Erfahrungshorizont des Partners einzubringen sein (d. h. er muß prinzipiell in der Lage sein, dem kommunikativen Angebot inhaltlich zuzustimmen oder es abzulehnen).
Es steht zu vermuten, daß zwischen Gesellschaft (als einer Kommunikationsgemeinschaft), kollektiven Erfahrungen und sprachlicher Kompetenz wechselseitige Abhängigkeiten bestehen. Störungen in einem Bereich führen in der Regel zu Störungen in den beiden anderen. Eine Gesellschaft wird zerfallen, wenn sie nicht mehr auf gemeinsam akzeptierte und gewertete Erfahrungen einerseits stützen und auf die Fähigkeit ihrer Mitglieder (Personen und Gruppen) rechnen kann, sich untereinander verständlich zu machen. Den Zerfall einer Gesellschaft kündet u. a. das Schrumpfen der kommunikativen Kompetenz der Führenden in Politik und Wirtschaft an, die sich nicht mehr allgemein verständlich machen können.

c) Der gewählte Sprachcode muß der sozialen Situation entsprechen.

Über diesen Punkt wurde schon weiter oben gehandelt.

d) Die primäre Motivation des Sprechers (Information, Kontaktvergewisserung — Selbstdarstellung, Appell) muß erkannt und richtig aufgegriffen werden.

Auch dieses Thema wurde schon behandelt.
Ganz allgemein gilt: Um die kommunikative Kompetenz zu verbessern, müssen wenigstens zwei Fertigkeiten entwickelt werden:
1) Die hermeneutisch-analytische Kompetenz ist zu verbessern, d. h. interaktionelle Situationen müssen zutreffend erkannt, auf ihre Ursachen hin richtig analysiert und optimal reaktiv angegangen werden. Zugleich muß die Fähigkeit trainiert werden, interaktionelle Situationen selbst aktiv herzustellen. Zum ersten gehört u. a. die Fähigkeit zur situationsadäquaten Aufnahme und Erzeugung von (verbalen und non-verbalen) Botschaften, die der Partner benötigt, um eine kompetente Behandlung interaktioneller Szenen, und eine zutreffende Einschätzung Ihrer selbst (und Ihrer Interessen in der konkreten Situation) und der Entwicklung der partnerschaftlichen Beziehungen zu erreichen. Es kommt also darauf an, Bedeutungen, Situationen und Strategien auch in ihrem Bezug aufeinander und im Bezug auf die Interessen der Partner richtig zu deuten und zu werten.
2) Die faktisch-rhetorische Kompetenz ist zu verbessern,

d. h. die stets an konkrete Situationen gebundene Fähigkeit, die gewonnenen Daten effizient zu verarbeiten und in optimale Strategien umzuwandeln.
Diesem Programm stehen meist nicht so sehr fehlgelernte Techniken entgegen, als mangelhafte Grundeinstellungen zu Menschen, Situationen, eigenen und fremden Interessen, zur Verwendung von bestimmten Strategien ...
Nach J. Habermans ist zum Thema »kommunikative Kompetenz« ein weiterer wichtiger Gesichtspunkt ins Spiel gebracht worden. Er unterscheidet zwischen

- kommunikativem Handeln [bei dem die Geltung von Sinnzusammenhängen in W(3) naiv vorausgesetzt wird, um Inhalte auszutauschen oder mitzuteilen] und
- Diskurs (bei dem nichts eigentlich ausgetauscht wird).

Sein Thema sind problematische Geltungsansprüche von Normen. Sein Ziel ist die *diskursive* Verständigung. Es soll eine Situation überwunden werden, die durch Problematisierung naiver Geltungsansprüche von Normen entsteht. Gelingt das, kommt es zu einem *Einverständnis.*
Diskurse können etwa nötig werden,

- wegen des kontrafaktischen Anspruchs von Normen [die stets nur *Modelle* von und in W(3) betreffen],
- wegen Störungen in der kommunikativen Kompetenz eines oder mehrerer am kommunikativen Geschehen beteiligter Partner, insofern diese in Normendifferenzen begründet sind,
- wegen abweichender Interessen (und damit oft verbundener abweichender Wertbesetzungen von Normen) unter den Partnern ...

In jedem Fall ist die Fähigkeit, gegebenenfalls vom kommunikativen Handeln zu Diskurs zu wechseln und dann diesen regelgerecht durchzuführen, ein wichtiger Aspekt der kommunikativen Kompetenz eines Menschen. Er muß also in der Lage sein, sehr wohl zwischen Sachverhalten und Werten zu unterscheiden und die sehr voneinander abweichende Methode des Darüber-Sprechens kennen. So verbietet der Diskurs jeden Einsatz von Autorität — außer den des besseren Arguments. Der Diskurs ist ein Instrument der *Problemlösungsdialektik.*

Exkurs: Kommunikative Phantombildung

Es gab einmal eine Zeit, in der die gelingende Kommunikation als Grundlage und Ausweis von Humanität schlechthin gesehen wurde. Die moderne Kommunikationstheorie hat mit ihrer Theorie der *kommunikativen Phantombildung* einiges Wasser in den Wein gegossen. Wir können davon ausgehen, daß folgende Sätze gut bestätigt sind:
1. Ist ein Problem (sei es ein Thema, ein Mensch, eine Sache) nicht physisch anwesend, dann entfernt sich die Kommunikation in ihrem Verlauf immer weiter vom *realen* Problem und schafft sich selbst ein Phantom, das an die Stelle der Realität tritt und zum Thema der Kommunikation wird. Kommunikation besorgt also Realitätsverlust oder Realitätsablösung, wenn man das Ursprungsproblem nicht mehr physisch anwesend hat. Wir haben in gruppendynamischen Übungen die Gruppe mit einem ihr unbekannten Menschen etwa 30 Minuten lang sprechen lassen. Dann sprach die Gruppe mehrmals in einigen Abständen *über* den Betreffenden. Das Bild, das sie sich von ihm machte, wurde immer phantastischer und ähnelte ihm kaum noch. Hier sei allgemein darauf aufmerksam gemacht, daß das *Sprechen über Menschen* in aller Regel zu solchen Phantombildungen führt. Es ist nützlich, darum zu wissen, sei es nun, daß man selbst zu den Über-Sprechern gehört oder das man zum Thema solcher Über-Sprecher wird.
2. Konkurrieren zwei Theorien in kommunikativer Interaktion miteinander, ohne daß eine Bestätigung der Theorie an der Erfahrung versucht wird, dann setzt sich in der Regel die kompliziertere Theorie durch, auch wenn sie phantastisch unbrauchbar ist.

3. Hat eine Gruppe (oder auch ein Einzelner) einmal eine für ihn plausible Erklärung für etwas gefunden, ist sie (oder er) kaum mehr davon abzubringen – auch kaum durch den Widerstand von W(1).

4. Gegen eine realitätsabgelöste kollektive Phantombildung gibt es weder einen sicheren Schutz noch eine brauchbare Abwehr. Vermutlich müssen wir Menschen damit leben lernen, daß wir ideologisch, politisch, ökonomisch, religiös . . . verführbar sind. Unser kritisches Vermögen ist jedenfalls nur beschränkt ausgebildet und leicht zu begrenzen.

IV. Psychologische Aspekte der Dialektik

Zumindest die Überzeugungstransferdialektik

- setzt voraus eine gut entwickelte Konfliktfähigkeit des Überzeugenden
- impliziert einen Eingriff in die Psyche des zu Überzeugenden.

Über diese beiden Sachverhalte soll in diesem Abschnitt gehandelt werden, zudem wird einiges zum Thema »Ausdruck« gesagt werden müssen.

1. Konfliktfähigkeit.

Konflikt- und Kommunikationsfähigkeit sind eng aufeinander bezogen. Begrenzte Konfliktfähigkeit bedeutet in der Regel auch begrenzte Kommunikationsfähigkeit (und umgekehrt.).

In einer ausgedehnten Studie haben wir an unserem Institut versucht, die Eigenschaft »Konfliktfähigkeit« in Korrelation zu setzen mit der Psychologie bekannteren Eigenschaften. Wir wollten damit zum einen die Eigenschaft »konfliktfähig« feststellbar machen (was für Karriereempfehlungen wichtig sein kann) und zum anderen versuchen, ein Trainingsprogramm zu entwickeln, das die vorhandene Konfliktfähigkeit zu entfalten gestattet. Wir nehmen nun keineswegs in Anspruch, alle möglichen psychischen Merkmale, Eigenschaften oder Fähigkeiten auf eine mögliche signifikante Korrelation mit der Eigenschaft »konfliktfähig« untersucht zu haben, so daß nicht auszuschließen ist, daß uns wesentliche Aspekte dessen, was »Konfliktfähigkeit« ausmacht, entgangen sein können. Dennoch aber sind unsere Resultate nützlich. Sie seien hier (unter Verzicht auf quantitative Angaben) vorgestellt.

a) Wir konnten keine signifikante Korrelation feststellen zwischen der Eigenschaft »konfliktfähig« einerseits und den Eigenschaften »starke Persönlichkeit« und »extravertiert« andererseits. Dieses Ergebnis widerspricht dem verbreiteten Vorurteil, nach dem »starke« Charaktere konfliktfähiger seien, als solche, die nicht als stark gelten. Offensichtlich können »starke Persönlichkeiten« auch eher bedrängend oder bedrückend wirken. Auch die Eigenschaft »extravertiert« erleichtert das Konfliktlösen nicht. Hier ließ sich allenfalls ausmachen, daß weder extrem introvertierte noch stark extravertierte Persönlichkeiten sonderlich konfliktfähig sind.

b) Dagegen ergaben sich signifikante Korrelationen zwischen der Eigenschaft »konfliktfähig« und folgenden Persönlichkeitsmerkmalen:

- Konfliktfähige Personen sind überdurchschnittlich gut in der Lage, Konflikte, die aus divergierenden Handlungsanforderungen aus den Bereichen: a) Gewissen, b) autonom (d. h. unabhängig von Wollen oder Einsicht) ablaufende Emotionen und Bedürfnissen und c) soziale Mitwelt gestellt werden, so zu koordinieren, daß Konfliktsituationen vermieden oder konstruktiv aufgelöst werden. »Konstruktiv« ist eine Konfliktlösungsstrategie dann, wenn sie

– den ursprünglichen Konflikt zum Verschwinden bringt, ohne daß sich der Konflikt auf ein anderes psychisches oder soziales Feld verschiebt,

– den Konflikt auflöst, ohne daß es zu Nachfolgekonflikten (aus der Konfliktlösung) oder zu Ersatzkonflikten (wegen nicht reduzierter Konfliktappetenz) kommt.

• Bei konfliktfähigen Personen waren Desintegrationen von erheblichen Persönlichkeitsanteilen deutlich seltener oder weniger intensiv bemerkbar als beim Bevölkerungsdurchschnitt. »Desintegriert« nennen wir einen Eigenschaftskomplex, wenn sich die Person von den Eigenschaften dieses Komplexes her selbst nicht oder nur unzureichend definiert. In unseren Untersuchungen prüften wir die Integration von folgenden Merkmalskomplexen:

– Emotionalität,
– Sexualität,
– vom Ich-Ideal abweichende Eigenschaften der Ich-Realität,
– privates oder berufliches Leben.

Diese vier Merkmalskomplexe waren also bei als konfliktfähig ermittelten Personen deutlich in das eigene Selbstverständnis integriert.

• Bei konfliktfähigen Personen waren Konflikte zwischen bewußten und unbewußten Motivationen vergleichsweise seltener als beim Bevölkerungsdurchschnitt. Die unbewußten Motivationen, sich in bestimmten Situationen so oder anders zu entscheiden, dieses oder jenes zu tun oder zu lassen, gründen oft in unbewußt verarbeiteten Erfahrungen der frühen Kindheit zum einen und in abgewehrten verdrängten Erfahrungen des späteren Lebensalters zum anderen. Diese meist nicht mehr erinnerbaren Erfahrungen motivieren oft zu bestimmten Entscheiden. Diese Motivation kann im Widerspruch stehen zu den bewußten Handlungsgründen. Zumeist wird der Konflikt zugunsten der unbewußten Motivationen gelöst und es werden dann sekundär vernünftige Gründe für den Entscheid entwickelt (»Rationalisieren«).

Symptome für solche habituell nicht gelösten Konflikte scheinen u. a. zu sein (und auch nur diese haben wir getestet):
— kompensatorischer oder Flucht-Aktivismus,
— soziale oder Bindungs- und Trennungsängste,
— Reduktion der beherrschten Rollen auf einige wenige (oder nur eine).
Diese »Symptome« traten bei konfliktfähigen Personen seltener oder schwächer ausgeprägt auf als beim Durchschnitt.
Da die *Konfliktfähigkeit* aber in vielen Überzeugungsprozessen wichtiger ist als die Beherrschung von *Überzeugungstechniken* legen wir in unseren Seminaren besonderen Wert auf die Entwicklung der oben genannten Vermögen oder Eigenschaften. Da es sich dabei um Fragen handelt, die sich für jeden Menschen anders stellen, kann dieses Buch hier keine weiteren Hinweise geben.
Es sei nur nocheinmal darauf verwiesen, daß viele dialektische Fehler nicht in schlechten Gewohnheiten wurzeln, sondern in Persönlichkeitseinstellungen (Prägungen), die durch technisches Training nicht behoben werden können. Die Lektüre dieses Buches ist für die Vorbereitung auf ein Dialektik-Seminar außerordentlich nützlich, kann es aber nicht ersetzen.

2. *Zur Ausdruckspsychologie.*

Die moderne Ausdruckspsychologie betrachtet den menschlichen Ausdruck nicht mehr als Teilbestand des menschlichen Sichdarstellens in Welt und Gesellschaft, sondern als Repräsentation aktueller und habitueller Persönlichkeitsbefindlichkeiten. Nach H. Rohracher lassen sich fünf Klassen von Ausdruckserscheinungen unterscheiden:

— Physionomik (Ausdrucksmerkmale von Gestalt und Gesicht),
— Mimik (Ausdrucksbewegungen im Gesicht),
— Gestik und Motorik (Ausdrucksmerkmale der Bewegungen der Hände und des Körpers),
— Stimme und Sprechweise (akustischer Ausdruck) und
— Schrift.

Die Qualität, die einem Ausdrucksphänomen zugeschrieben wird, beruht auf dem *Eindruck*, der gefühlsmäßigen Stellungnahme des Ausdrucksempfängers. Da dieser subjektiv variabel sein kann, kommt es darauf an, die Bedeutungen des Ausdrucks durch die Eindrücke, die er auf verschiedene Menschen macht, zu normieren. Diese Normierung ist die Grundlage dafür, daß der Sender von Ausdruck sinnvoll seine habituellen oder aktuellen psychischen oder sozialen Befindlichkeiten über den Ausdruck (meist geschieht das unbewußt) vermitteln kann. Solche Normierung geschieht in der Regel über die Trial-error-Methode und ist deshalb gebunden an die in einer Gesellschaft normierten Ausdrucksbedeutungen. Allgemein definieren wir mit Rohracher »Ausdruck« als dasjenige an Wahrnehmungsinhalten, »was durch unmittelbare Wirkung gefühlsmäßige Stellungnahmen oder Beurteilungen auslöst, die den wahrgenommenen Dingen als Eigenschaften zugeschrieben werden, obwohl sie reizmäßig nicht gegeben sind«. Diese Definition hat den Vorteil, daß sie im Gegen-

satz zur sg. »Kinesik«, nicht Ausdruck, Reaktion, Verhalten . . . in einen Topf wirft.
Der konkrete Ausdruck von Menschen setzt sich aus einer Mehrzahl von Quellen zusammen, die jedoch vom Empfänger nicht auseinandergehalten werden. So kommt es nicht selten zu einer Fehldeutung des Ausdrucks, d.h. Ausdruck und Eindruck stimmen nicht zusammen. Die wichtigsten Quellen des aktuellen Ausdrucks sind:

— habituelle Ausdrucksformen (sie gründen in Gewohnheiten, die oft in Erfahrungen der frühen Kindheit wurzeln, sich hier fixierten und möglicherweise in der Gegenwart ohne jede Bedeutung sind),
— aktuelle, aber vorsituationale Ausdrucksgründe (wie etwa der Tagesform eines Menschen, seiner Stimmung, seinen Erfahrungen und Erlebnissen aus der mittelbaren oder unmittelbaren Vergangenheit, seinen Bedürfnissen und Erwartungen . . .),
— aktuelle und situationale Ausdrucksgründe.

Die letzteren werden in der Literatur über Kinesik zumeist sehr überbewertet. Sie spiegeln das psychische und soziale Verhältnis des Sich-Ausdrückenden zum behandelten Thema, zu den anwesenden Personen (nicht nur zu den mit ihm im Augenblick interagierenden), zum Ort (Revier) und zur Zeit (hat er viel Zeit oder wenig, langweilt er sich oder ist er interessiert . . .) wieder.
Abgesehen von offensichtlichen und leicht verständlichen Ausdrucksmustern (der Darstellung heftiger und eindeutiger Emotionen oder Stimmungen, der Darstellung von Befangenheit, Verlegenheit, Unterlegenheit-Überlegenheit,

Antrieb . . .), konnten wir signifikante Korrelationen nur für das Distanzverhalten von Menschen sicher ausmachen.
Hierzu nun einige Bemerkungen: Wir gehen davon aus, daß sich während der Pubertät bei vielen Menschen ein typisches Revierverhalten ausbildet. Es kommt, wenn ein anderer Mensch in das eigene Revier »einbricht« zu Reaktionen, die das Revier schützen sollen (so wird etwa der Blickkontakt vermieden). Gelingt das nicht, werden andere Aktivitäten gewählt (Angriff, Flucht, Sich-Verstecken). Ist keine dieser Aktivitäten möglich, kommt es zu Ängsten, depressiven oder aggressiven Stimmungen, die sich keineswegs unbedingt gegen den »Einbrecher« richten müssen.
Wir konnten folgende Vermutung belegen: *Menschen, die sich situational wohlfühlen, ertragen kleinere Distanzen ohne Abwehr oder suchen selbst Distanzen zu verkleinern.* Das Ausdrucksgeschehen, das hiermit im Zusammenhang steht, läßt sich also — sieht man einmal von aggressiven Distanzverkleinerungen ab — unter Berücksichtigung von Gewohnheiten ziemlich eindeutig interpretieren. Im Rahmen dieser Beschränkungen seien hier einige Hinweise auf eine Ausdruckshermeneutik gegeben.

- Bei Zuwendung wird Blickkontakt *während des Zuhörens* dauernd angeboten oder doch nur aus Gründen unterbrochen, die der Sprecher versteht (etwa um ihn nicht zu bedrängen, um etwas zu notieren, um ihm das Sprechen — vor allem in peinlichen Situationen — zu erleichtern . . .). Wird der Blickkontakt dagegen aus anderen Gründen zurückgenommen, sollte man eine Distanzvergrößerung vermuten (etwa weil der Hörende selbst sprechbereit oder mit dem Gesagten nicht einverstanden ist).

Bei Zuwendung wird Blickkontakt *während des Sprechens* in Phasen zwischen 5 und 10 Sekunden für einige Sekunden aufgenommen und seitlich weggenommen. Eine Wegnahme nach oben oder nach unten (wenn sie nicht zum Habitus des »Überlegens« gehört) bedeutet in aller Regel Distanzvergrößerung. Man sollte prüfen, ob man sich nicht irgendwie hörerinadäquat verhält, oder ob sich der Hörer über- oder unterlegen fühlt, ob eine Fassade aufbauen will, oder ob er nur schlechte Sprechgewohnheiten hat.

- Bei Zuwendung wird der Kopf meist leicht seitlich geneigt und ist das Kinn etwas nach unten genommen. Senkrechte Kopfhaltung oder Nach-oben oder Nach-unten-Schauen signalisieren in der Regel Distanzvergrößerung. Manche Männer in leitenden Positionen haben sich angewöhnt, den Kopf beim Sprechen etwas in den Nacken zu nehmen, um so auch auf größere Menschen gleichsam herabschauen zu können. Diese Gewohnheit wirkt ausgesprochen arrogant und ist einer optimalen Kommunikation nicht förderlich. Auch eine Zurücknahme des Kopfes weit in den Nacken bedeutet Distanzvergrößerung.
- Zuwendung und Offenheit signalisieren geöffnete und über die Elle geführte Hände. Jede Form von Verbergen oder Schließen der Hände oder Verschränken der Arme signalisiert Distanzwünsche.
- Die Distanzbewegungen des Oberkörpers sind meist weniger aussagekräftig. Oft handelt es sich um Ermüdungs- oder Gewohnheitsbewegungen. Kleine Zuwendungen während des Zuhörens signalisieren meist Sprechbereitschaft.
- Für die Haltung der Beine konnten wir nur folgende

Regel (über die oben genannten Trivialbedeutungen hinaus) ausmachen: In Konfliktsituationen versuchen die meisten Menschen unwillkürliche Körperberührungen zu vermeiden. Sie ordnen ihre Beine möglichst dann so an, daß solche Kontakte ausgeschlossen sind. Die Literatur zum Thema »Body language« kennt für die Stellung der Füße und die Haltung der Beine eine Fülle von Interpretationen, von denen wir keine einzige sicher bestätigen konnten.

- Zum *akustischen Ausdruck* konnten wir sicher ausmachen, daß sich psychische und/oder soziale Konflikte oder auch nur Spannungen in aller Regel durch eine verflachte Modulation ausmachen lassen. In einigen Fällen kommt es, vor allem als Zeichen der Ungeduld, auch zur Übermodulation.

Um die in den klassischen Lehrbüchern der Kinesik behaupteten Korrelationen zwischen Ausdruck und Stimmung zu prüfen, gaben wir Studenten, die noch nichts von Kinesik oder Ausdruckspsychologie gehört hatten, Karten in die Hand, auf denen 12 mögliche Stimmungen beschrieben wurden. Sie erhielten den Auftrag, wenn sie bestimmte Beinbewegungen, Fußstellungen oder Hand-Kopf-Bewegungen bemerkten, den Versuchspersonen (Verwandten, Freunden, Bekannten) die Karten vorzulegen und sie die augenblickliche Stimmung möglichst genau an Hand der Vorschläge der Karte bestimmen zu lassen. Für einige Bewegungen oder Haltungen erhielten wir einen Rücklauf von 150 bis 200 Karten. In keinem Fall war statistisch eine signifikante Korrelation zu erheben — abgesehen von den eingangs erwähnten trivialen Fällen. Die Interpretation dieses für die Kinesik (die übrigens in Deutschland nicht als Wissenschaft akzeptiert ist) problematischen Ergebnisses ist nicht ganz einfach. Hier seien einige Vorschläge gemacht:

- Die Kinesik beschreibt Korrelationen, die so von soziokulturellen Bedingungen abhängen, daß eine Übertragung aus dem englischen bzw. US-amerikanischen Raum in den soziokulturellen Raum Mitteleuropas unzulässig ist.
- Die Verfasser gingen eher intuitiv vor, ohne genaue statistische Analysen.
- Die Verfasser machten keine Blindversuche, d. h. die Erwartungen der Interviewer übertrugen sich suggestiv auf die Versuchspersonen.
- Die Interviewer stellen den Versuchspersonen suggestive Fragen.

Allgemein gilt: Bis zu einer weiteren Abklärung sollte man eher den Behauptungen der Kinesik gegenüber skeptisch sein, wennschon auch bei vielen Kinesik-Seminaren erstaunliche Erfahrungen gemacht werden können. Sie sind sicher zum Teil suggestiv zu deuten.

Aber das ist nur die eine Seite des Problems.

Wir wissen, daß überzeugendes Sprechen eine Einheit von Inhalt und Ausdruck sein muß — wennschon auch die Ausdruckskomponente meist nur recht unzureichend wissenschaftlich erforscht ist.

Wir unterscheiden beim sprachlichen Aussenden einer »Botschaft« zwei Ebenen, die Zeichenebene und die Bedeutungsebene (hier werden die Bedeutungen der Zeichen dargestellt). Etwas vereinfacht läßt sich das Gemeinte so skizzieren:

Zeichenebene	Inhalt (WAS)		Ausdruck (WIE)
Bedeutungsebene	emotional	semantisch	emotional

Allgemein läßt sich folgendes sagen:

1. In der »normalen Rede« werden etwa je 50% der »Botschaft« über den verbalen und somatischen Ausdruck mitgeteilt.

2.

- Es gibt Inhalte, die Emotionen vermitteln (Auslöser ...).
- Es gibt Inhalte, die semantische Bedeutungen vermitteln (das ist nicht nur allgemein bekannt, sondern wird oft ziemlich überbewertet, wenn man die Anteile der gesamten Botschaft aufzuschlüsseln versucht).
- Es gibt Ausdruckmittel, die semantische Bedeutungen vermitteln (Satzakzente, viele Gesten im RC).
- Es gibt Ausdrucksmittel, die emotionale Bedeutungen vermitteln.

Ganz allgemein wird man davon ausgehen dürfen, daß nur der Anteil beherrscht wird, in dem sich Inhalt und semantischer Ausdruck überschneiden. Die drei anderen Bereiche müssen rhetorisch »nachtrainiert« werden.

Das Training des Ausdrucks hat zwei wichtige Voraussetzungen:

1. Ein positives Verhältnis zur eigenen Leiblichkeit. Der Sprechende sollte das Funktionieren seines Körpers während des Sprechens lustvoll erfahren.

2. Er muß wissen, wie sich seine Sprache und sein Körper ausdrücken, wenn er in emotional entspannten Situationen (mit möglichst wenig Normenzwängen) andere zu überzeugen versucht.

Dazu ist es in der Regel notwendig, die Ausdrucksfähigkeit der eigenen Sprache zu objektivieren. Da wir uns selbst vorwiegend über die Leitung der Schädelknochen hören, andere uns aber wahrnehmen über die Longitudinalwellen der Luft — und das Medium für die Tonübertragung wichtig ist, müssen wir erfahren lernen, daß uns andere Menschen anders hören als wir uns selbst. Und wir müssen lernen: *Wie muß ich den Ausdruck meiner Stimme selbst wahrnehmen, damit andere Menschen ihn so empfangen, wie ich es möchte.* Dazu ist es nötig, möglichst oft die eigene normale Sprechstimme auf Tonträger aufzuzeichnen und *unmittelbar* nach der Aufzeichnung wieder abzuhören, um die Differenzen kennen zu lernen.
Auch im Bereich der Gestik sollte man ähnlich verfahren. Gesten sollten nicht vor dem Spiegel geübt werden. Das kann zu merkwürdigen Inkonsistenzen in der »Sprache des Körpers« führen. Besser: *Beobachten Sie sich selbst in ihrem somatischen Ausdruck in entspannten Überzeugungssituationen.* Eben diese Gestik sollten Sie auch in angespannteren dialektischen Situationen einsetzen — und *keine andere.* So können Sie sicher sein, daß der Gestus nach Art und Häufigkeit zu Ihnen paßt. Nur wenn Sie zu einem zahlreichen Publikum sprechen, muß die »Stimme Ihres Körpers« größere Distanzen überwinden. Sie müssen »lauter« sprechen — das bedeutet: Der Gestus muß weiter und langsamer geführt werden. Das kommt aber mit zunehmender Körpersicherheit in aller Regel »wie von selbst«.

3. Zur Psychologie der Einstellungsveränderung.

Die Überzeugungstransferdialektik bedeutet ihrer Intention nach eine Veränderung der Einstellung oder des Verhaltens des Zuüberzeugenden. Das heißt, sie will manipulieren, motivieren oder eduzieren. Zur Psychologie der Manipulation gibt es ausreichende spezifische Literatur*, so daß ich hier nicht ausdrücklich darauf eingehen muß. Es sei jedoch etwas zur Frage der Sittlichkeit solcher Beeinflussung durchs Überzeugen gesagt. Wie für jeden Typus der Interaktion zwischen Menschen gelten u. a. folgende Normen:

1. Will ich das Verhalten oder die Einstellung des anderen zu seinem Schaden verändern, ist solches Tun in jedem Fall sittlich verwerflich.
2. Bedenke ich einen möglichen Schaden des anderen mehr oder weniger fahrlässig nicht, so handle ich ebenso sittlich verwerflich.
3. Lasse ich den Schaden des anderen zu, muß ich dafür wichtige Gründe haben — etwa seinen größeren Gesamtnutzen oder einen erheblichen Nutzen des Gemeinwesens oder den Nutzen sehr vieler anderer Menschen.

Das soll und will deutlich machen, daß Überzeugungsdialektik nur in den Händen einer sittlich-gebildeten Persönlichkeit sittlich sein wird.

Der Dialektiker wird sich also stets nach der sittlichen Verantwortbarkeit seines Tuns fragen. Unterläßt er das, macht er etwa Dialektik zu einem Instrument seines individuellen

---

*) Vgl. etwa R. Lay, Manipulation durch die Sprache, München (Wirtschaftsverlag Langen-Müller/Herbig) 5. Aufl. 1981

oder eines kollektiven Egoismus, mißbraucht er sich und seine Technik. Er schadet sich nicht nur selbst, sondern auch auf die Dauer unserer gesellschaftlichen Ordnung. Der Ruf der endenden 60er Jahre nach der Entmachtung der Manipulateure sollte ein Warnzeichen sein.

4. *Zur Psychologie der Emotionen.*

»Emotion« bezeichnet psychische Zustände oder Vorgänge, die von komplexen physischen und physiologischen (vegetativen und sekretorischen) Prozessen begleitet oder von ihnen ausgelöst werden und von Gefühlen, Stimmungen und Erlebnistönungen begleitet werden. Gefühle dürften — im Gegensatz zu Stimmungen oder Erlebnistönungen stets sozial beeinflußt und sozial bezogen sein.
Die *primäre Funktion* von Emotionen stellt sie verhaltenssteuernd in den Dienst des Ich, das eine Situation einschätzt und wertet, um mit möglichst geringem Aufwand ein Maximum an Bedürfnisbefriedigung zu erreichen.
Wir sprechen von *sekundären Emotionen*, wenn die primäre Funktion nicht erfüllt werden kann. Die Emotion bleibt dann gleichsam für sich — und kann nicht durch adäquates Verhalten dargestellt und gegebenenfalls abgebaut werden. Es handelt sich um eine Konfliktsituation. Sekundäre (= isolierte) Emotionen sind Grund und Symptom von psychischen und/oder sozialen Konflikten.

Emotionen sind i. a. reaktiv, d. h. sie beantworten weitgehend unabhängig von Einsicht und Wollen physische und psychische Prozesse bzw. sind deren Symptome. Wir sprechen hier von *autonomen Emotionen.* Autonome Emotionen beziehen ihre in Handlung drängende »Energie« aus dem »Es« der Psyche.
1) Damit Emotionen, insofern sie von Gefühlen begleitet werden, ihre soziale Funktion ausüben können, ist es notwendig, daß der Partner das Gefühl »versteht«. (Ähnli-

ches gilt übrigens auch für Stimmungen und Erlebnistönungen, die ebenfalls oft Signale an die soziale Umwelt sind, selbst wenn sie nicht von ihr primär »verursacht« wurden).

Es ist also für eine *sinnvolle Kommunikation*, die bekanntlich Grundlage jeder Dialektik ist, notwendig, Emotionen des Partners zureichend sicher zu identifizieren und eigene Emotionen zureichend eindeutig darzustellen. Hier liegt manches im Argen. Denn der *emotionale Ausdruck* wird zumeist in kleiner Familie im Verlauf der primären Sozialisation erlernt und bleibt — außerhalb dieser Familie — weitgehend unverständlich, zumindest dann, wenn in der Herkunftsfamilie selbst nicht sinnvoll mit Emotionen umgegangen wurde oder gar Emotionen von ungewöhnlichen und ungebräuchlichen Gefühlen oder Stimmungen begleitet wurden, wie es in Familien die Regel ist, in denen Interaktionsmuster pathologisch entartet sind.

Während die *soziale Sensibilität*, deren wichtiger Aspekt das richtige Erkennen und Umgehen mit fremden Emotionen ist, kaum privat trainiert werden kann (sollten Sie hier bei sich erhebliche Fehler entdecken oder auch nur vermuten, empfiehlt sich die Teilnahme an einem gut geleiteten Gruppenseminar), kann der identifizierbare Ausdruck der eigenen Emotionen sehr wohl trainiert werden. Im Anhang zu diesem Buch finden Sie einige Texte aus den Dramen Shakespeares, die Ihnen dabei hilfreich sein können (vgl. Seite 247—249).

Dieses Training sollte nicht ihren Vortrag üben, sondern die Fähigkeit zu einem für einen Partner eindeutig erkennbaren Ausdruck einer Emotion. *Uneindeutiger emotionaler*

Ausdruck gefährdet nicht nur jede Kommunikation, sondern macht Überzeugen nahezu unmöglich, weil der Partner nicht weiß, »wie er mit Ihnen dran ist«. Das aber ist gemäß der 3. Regel des Platon ein fataler Zustand.
2) Menschenführung setzt voraus, daß der Führende in der Lage ist, willentlich ein bestimmtes Gefühl oder eine bestimmte Stimmung in sich zu erzeugen (etwa Freude, Begeisterung, Zorn . . .), um sie im Ausdruck darzustellen und so auf seine Zuhörer zu übertragen. Viele Menschen kennen Gefühle und Stimmungen nur als Reaktionen, nicht aber als Aktionen. Die Fähigkeit zu aktiver Emotionalität muß also trainiert werden. Auch hier kann die erwähnte Methode hilfreich sein.
WICHTIG: Sie sollen nicht ein bestimmtes Gefühl oder eine bestimmte Stimmung spielen, sondern sie haben!
3) Das Umgehenkönnen mit fremden und eigenen *autonomen Emotionen* ist ebenfalls für jede Form der Dialektik notwendig. Setze ich mich den Ansprüchen eigener oder fremder Emotionalität unkontrolliert aus, dann ist in aller Regel keine rational geleitete Interaktion mehr möglich. Im Gegensatz etwa zur Demagogie ist aber die Dialektik rational geleitet.
Um mit fremden und eigenen autonomen Emotionen sinnvoll umgehen zu können, muß ich wissen, woher sie kommen. Sie sind zum großen Teil fixierte kindliche Reaktionen auf kindliche Erfahrungen. Im frühen Kindesalter ist die emotionale die einzig mögliche Reaktion, da eine sprachlich-rationale noch nicht möglich ist. Da der emotionale der einzig mögliche Reaktionsrahmen ist, werden vom Kind bestimmte Auslöser mit heftigen Emotionen besetzt, die

für das *kindliche Ich* durchaus sinnvolle Reaktionen darstellen. Nun aber bleibt die Bindung Auslöser-autonome Emotion in aller Regel zeitlebens erhalten. Jetzt kann die Emotion an sich oder doch ihrer Intensität nach inadäquat sein — und der Funktion des Ich widersprechend. Es kommt also darauf an, den Mechanismus autonomer Emotionen zunächst einmal bei sich selbst zu beobachten und zu interpretieren. Solche Emotionen bedeuten meist eine Begegnung mit der eigenen Kindheit — in mir reagiert gleichsam das Kind, das ich einmal war, mit dem ihm angemessenen Instrumentar auf bestimmte Erfahrungen und Erlebnisse. Ich sollte mit diesen Reaktionen so umgehen, wie kluge Eltern es mit den Emotionen ihrer Kinder tun: Man sollte sie ernst, aber nicht tragisch nehmen. Und vor allem sollte man sich hüten, ihnen die Strategien des Erwachsenen unkontrolliert zur Verfügung zu stellen.

Nach einigem Training werden Sie bemerken, daß Sie autonome Emotionen bei sich zureichend beherrschen werden. Sie werden auch ein Gespür für die autonomen Emotionen anderer Menschen erwerben — selbst dann, wenn diese — untrainiert — nicht sinnvoll mit ihnen umgehen können und ihnen etwa ihre Erwachsenenstrategien zur Verfügung stellen.

Ich kenne zahlreiche Partner-, Freundes-, Mitarbeiter-, Kollegen-, Kundenbeziehungen, die scheiterten und zugrunde gingen, weil beide Partner mit ihren aktiven oder reaktiven autonomen Emotionen nicht sinnvoll umzugehen verstanden.

Erst recht ist unter dem unbeherrschten Anspruch solcher Emotionen kein rationaler Diskurs möglich.

V. Soziologische Aspekte der Dialektik

»Soziologie« bezeichnet eine Wissenschaft, die Struktur-, Funktions- und Entwicklungszusammenhänge von Gesellschaften beschreibt und erklärt.
»Gesellschaft« bezeichnet eine Assoziation von Individuen und/oder Gruppen, die durch Normen und Riten ihr Zusammenleben geordnet haben.
In diesem Sinne ist auch eine *Gruppe* Gesellschaft. Über solche Gruppen soll hier gehandelt werden.

Dialektisches Tun vollzieht sich immer in, durch und mit Gruppen. Je nach der Art der Gruppe und des Verhältnisses des dialektisch Agierenden zur Gruppe kann man in der Dialektik drei Unterdisziplinen unterscheiden:
1. Die *Dialogik* (sie behandelt dialektische Prozesse in relativ kleinen Gruppen, so daß noch kein eigentliches Regelsystem für das Funktionieren der dialektischen Veranstaltung nötig ist).
2. Die *Dialektik* (im engeren Sinne) (sie behandelt dialektische Prozesse in größeren Gruppen — etwa Konferenzen oder Sitzungen —, bei denen für einen geordneten Verlauf die Verwendung eines äußeren Regelsystems nötig ist).
3. Die *Rhetorik* (sie behandelt dialektische Situationen, in denen vor allem ein Teilnehmer redet und die anderen mehr oder weniger aktiv zuhören).
In diesem Abschnitt sollen folgende Themen behandelt werden:
1. Die Fähigkeit, sich auf Gruppen und Gruppenprozesse einzustellen.
2. Die Fähigkeit, in der richtigen Rolle zu agieren.

1. Die Einstellung auf Gruppen und Gruppenprozesse.

Daß Gruppenverhalten nicht als bilanziertes Individualverhalten gedeutet werden kann, ist eine Binsenweisheit. Nahezu jeder Mensch verhält sich in einer Gruppe anders als in einer anderen. Kinder verhalten sich oft völlig anders zu Hause, in ihrer Spielgruppe, in der Schule . . ., so daß manche Eltern ihre Kinder kaum mehr wiedererkennen, wenn sie sie in der »fremden« Gruppe erleben oder wenn sie noch unter dem Eindruck der Interaktion mit den Mitgliedern der »fremden« Gruppe nach Hause kommen. Ganz allgemein gilt: Unser Verhalten ist weitgehend geprägt durch die Formen der Interaktionen, die uns eine Gruppe oder wir der Gruppe anbieten. *Wir sind in jeder Gruppe andere.* Nicht daß wir irgendwo Theater spielen würden, doch unsere menschlichen Möglichkeiten sind so reich, daß wir sie nur in einer Vielzahl von Gruppen in einer Vielzahl von Rollen leben können.

Das hat nun erhebliche Konsequenzen für unser Verhalten:

1. Wir müssen damit rechnen, daß wir in einer Gruppe Entscheidungen treffen, die uns in einer anderen völlig fremd wären. Man könnte hier von mehr oder weniger versteckten Gruppenzwängen reden. Das ist aber nur dann angebracht, wenn die Gruppe gegen Abweichler mit Sanktionen oder Repressionen droht. Richtiger ist es anzuerkennen, daß wir Menschen nicht nur Individuen, sondern in gleicher Ursprünglichkeit Sozialwesen sind, die durch ihre soziale Umwelt mitbestimmt werden — selbst in dem *wer* sie sind.

2. Wir sind in verschiedenen Gruppen verschiedenen

Emotionen ausgesetzt, die weitgehend die der Gruppe sind. Ist die Gruppe begeistert oder niedergeschlagen . . . sind wir es häufig auch. Der emotionale Transfer funktioniert um so zuverlässiger, je enger die Bindungen der Gruppenmitglieder untereinander sind, je stärker ich selbst in die Gruppe integriert bin, je stärker meine Wertbesetzung der Gruppe ist, je heftiger die Gruppenemotionen sind.

Wer eine Gruppe führen will, muß sich von solchen Gruppenemotionen wenigstens teilweise ablösen können, muß in der Lage sein, ihre Ursachen, Abläufe und Konsequenzen zu erkennen — und sein Verhalten danach einzurichten. Das setzt in aller Regel nicht nur eine zureichende Sensibilität für Gruppenprozesse voraus, die in einer weitgehend individualistischen Erziehung kaum mehr vermittelt wird, sondern auch oft jahrelanges bewußtes Training, das durch gute Kurse eingeleitet und beschleunigt werden kann.

3. Das Erkennen von oft sehr schnell wechselnden Gruppenemotionen ist nicht Selbstzweck. Die Einstellung darauf kann lebenswichtig sein. Wer Menschen nicht da abholt, wo sie ihre Interessen, Stimmungen, Erwartungen ansiedeln, wird sie kaum irgendwohin begleiten können. Und alle Dialektik bedeutet doch, ein Stück Wegs gemeinsam zu gehen.

4. Ferner muß vor allem der Rhetor aber auch der Teilnehmer an Diskussionen (Konferenzen, Sitzungen . . .) durchaus in der Lage sein, seine Zuhörer oder Partner zu einer Gruppe zusammenzubringen, weil ein Sich-Einstellen auf eine Pluralität von divergierenden Interessen,

Stimmungen . . . nicht leicht möglich — oft gar unmöglich ist. Erst, wenn sich Interessen und Stimmungen gleichsam »kollektiviert« haben — also wenigstens eine ad-hoc-Gruppe entstanden ist — kann ich *alle* gleichzeitig erreichen und — gegebenenfalls — überzeugen. Der Dialektiker muß also über starke integrative Kräfte (= Vermögen zur Gleichschaltung von ursprünglich verschiedenen oder gar divergierenden Interessen und Stimmungen) verfügen. Wie Sie wissen, ist eine Gruppe in ihrem Bestand gefährdet, wenn die zentrifugalen Kräfte überhand nehmen (mag es eine Familie, die Belegschaft eines Unternehmens, eine Hauptversammlung oder ein Redepublikum sein).

2. *Über die Fähigkeit, in der richtigen Rolle zu agieren.*

Die (soziale) Rolle ist definierbar durch die Menge der Erwartungen, die einem Menschen in einer bestimmten sozialen Position bezüglich seines Verhaltens entgegengebracht werden. Da es in der Regel an eine soziale ziemlich stabile Position oder Status gebunden ist, sind Rollen, in denen diese Position eingenommen oder dieser Status realisiert wird, ebenfalls relativ stabil.
Der Begriff »Rolle« umfaßt unter anderen folgende Aspekte:

- Das Verhalten einer Person in einer sozialen Position oder einem sozialen Status wird durch Rollenerwartungen gesteuert. Diese sind weitgehend soziokulturell bestimmt.
- Die Wahrnehmung, Interpretation und Akzepation der Erwartungen durch den Rollenträger.
- Die Umsetzung der Rollenerwartungen in Rollenverhalten durch den Rollenträger.
- Die Internalisierung von Rollenerwartungen durch die Gesellschaft wie durch den Rollenträger.
- Der langfristige Einfluß von Rollenerwartungen auf den Prozeß des gesellschaftlichen Wandels wie auf den der Persönlichkeitsbildung des Rollenträgers.

Dabei behält der Rollenträger jedoch meist die Chance, in konkreten Interaktionssituationen persönlich und situational gefärbte Interpretationen gegenüber seinen Interaktionspartnern durchzusetzen, sich gar von Rollenerwartungen zu emanzipieren (vor allem, wenn er als kreative Persönlichkeit akzeptiert ist) und neue Maßstäbe für die eine Rolle bestimmenden Merkmale zu setzen. Das Wort »Rolle« stammt aus der Theatersprache. Der Rollenträger spielt auf der gesellschaftlichen Bühne — unter den kritischen Augen seiner Rollenpartner — den der Rolle zugrunde liegenden »sozialen Text«. Dennoch aber darf das Bild von der »gespielten Rolle« nicht überzogen werden, denn — wie gesagt — spielen wir eine Rolle weniger als das wir eine Seite unserer personalen Möglichkeiten darstellen.

Rollen sind für soziale Systeme wichtig, weil sie zu einer erhöhten Vorhersagbarkeit des Verhaltens des Rollenträgers führen und damit den Rollenpartnern eine Menge sozialer Sicherheiten (d. h. Sicherheiten in Interaktionen) geben. Dabei wechseln die weitaus meisten Menschen legitim und akzeptiert manche Rollenanteile langsam im Laufe ihres privaten und öffentlichen Lebens aus. Die Rolle »entwickelt« sich mit der Persönlichkeit, aber auch mit dem Wandel des sozio-kulturellen Bewußtseins einer sozialen Struktur. So haben sich etwa die »Vaterrolle«, die »Vorgesetztenrolle«, die »Priesterrolle« . . . in den letzten Jahrzehnten in vielen Ländern Europas sehr deutlich gewandelt.

Rollen sind also etwas dynamisches. Diese Dynamik wird ihnen zugespielt einmal durch die sich ändernden Rollenerwartungen, dann aber auch durch die Möglichkeiten, individuell Rollen zu gestalten. Diese relative Offenheit der Rollenmerkmale dem Wandel gegenüber fordert eine doppelte Leistung vom Rollenträger an:

- er muß sich den wechselnden Erwartungen zureichend dicht anpassen,

- er muß seinen »persönlichen Stil« in der Wahrnehmung von Rollenfunktionen finden.

Die Dialektik fordert nun den Auftritt in der richtigen Rolle. Das kann dann problematisch werden, wenn

- der Rollenträger sich nicht über seine Rolle in einer Gruppe oder Gesellschaft zureichend klar ist,
- wenn er die Rolle nicht zureichend sicher beherrscht,
- wenn die Rollenerwartungen der verschiedenen Rollenpartner an den Träger so verschieden sind, daß manche Merkmale einander widersprechen. In diesem Fall wird vom Rollenträger verlangt, daß er zunächst die Erwartungen, die das Publikum an ihn und seine Rolle stellt, koordiniert.

Um diese Problemfelder zu entproblematisieren, ist ein sehr genaues Beachten der Reaktionen des Publikums nötig. Erscheinen diese inadäquat, ist immer an einen Fehler im Rollenverhalten zu denken. Ganz allgemein gilt auch hier: *die soziale Sensibilität kann nicht gut genug ausgebildet sein* (einmal eine zureichende Ich-Stärke vorausgesetzt).

Unsere eher individualistische Erziehung sensibilisiert eher das Eigenpsychische als das Soziale. Es scheint eine wachsende Zahl von Menschen zu geben, die sehr ausführlich mit ihrer eigenen Psyche und deren Verwundungen beschäftigt sind. Sie erscheinen als überaus leicht verwundbar — und dabei gleichzeitig im »social feeling« reduziert.

VI. Logische Aspekte der Dialektik

Historisch scheint sich seit Aristoteles die Logik aus der Dialektik entwickelt zu haben. Die Fähigkeit zu argumentieren und Argumente zu analysieren ist eine der Hauptfunktionen der Dialektik. Seit dem 14. Jahrhundert gewann die Logik immer stärkere Selbstwertfunktionen: Man betrieb Logik um der Logik willen. So kam es denn im 16. und 17. Jahrhundert zu einer Blüte der logischen Wissenschaften, verbunden mit dem Niedergang der Dialektik. Ich möchte in Folgendem einige für die Dialektik wichtige Funktionen der angewandten Logik etwas ausführen:

1) Wahrheit
2) Definitionen
3) Theorien
4) Beweise
5) Unterscheidungen

Die Funktion der Logik für die Dialektik ist mehrdimensional zu sehen.

- Sie stellt einen Apparat zur Verfügung, der allgemein akzeptiert ist, und der es deshalb erlaubt, viele Kommunikationsstörungen durch Einigung auf dieser Ebene zu beheben.
- Sie erlaubt, einen Gedanken klar zu formulieren und eine fremde Argumentation auf ihre Stichhaltigkeit zu prüfen.
- Sie trainiert die Intellektualität ihrer Intensität nach (während der Berufsalltag zumeist nur eine extensionale intellektuelle Beanspruchung fordert). Für gekonnte Dia-

lektik sind notwendig ein gutes Konzentrationsvermögen und eine entwickelte Schlagfertigkeit. Beide kann man als natürliche Ausstattung besitzen. Wenn sie aber fehlen, dann müssen sie — psychische oder somatische pathologische Veränderungen ausgeschlossen — trainiert werden. Und sie werden trainiert durch ein Intensitätstraining des Intellekts. Das kann zwar an jedem Thema geschehen, das einige intellektuelle Mühsal einfordert, doch ist für den Schüler der Dialektik die Logik der angemessene Weg.

• Es gibt Schulen, die ihre möglichen dialektischen Partner sehr gut in Logik schulen — und Sie sollten in etwa wissen, wo die Glocken hängen, wenn es läutet.

1. *Wahrheit*

Was »Wahrheit« bedeutet ist seit dem Beginn der europäischen Philosophie umstritten. In der Philosophie der Neuzeit werden vor allem drei Wahrheitsdefinitionen diskutiert, die hier vorgestellt sein sollen:

a) Eine Aussage ist genau dann wahr, wenn sie sagt, was ist. Diese Definition ist von der des Aristoteles hergeleitet.

b) Wahr ist eine Aussage genau dann, wenn der Aussageinhalt mit dem von der Aussage bezeichneten Sachverhalt übereinstimmt. Diese Definition stammt von dem arabischen Philosophen Avicenna († 1037), wurde von dem ebenfalls arabischen Philosophen Averroes († 1198) verbreitet und gelangte durch Wilhelm von Auxerre kurz vor 1230 ins christliche Philosophieren. Heute wird diese »Übereinstimmungsdefinition«, die I. Kant noch für unumstritten gültig hielt, kaum noch vertreten.

c) Wahr ist eine Aussage genau dann, wenn die meisten Menschen auf Grund von Gründen davon überzeugt sind, daß sie Realität zutreffend bezeichnen. Diese »Konsensdefinition« ist heute ziemlich

verbreitet, vor allem bei Philosophen, die den Wahrheitsbegriff für die Wissenschaft retten wollen. Sie sind sich bewußt, daß es keine absolut wahren Aussagen über Realität [W(1)] geben *kann*, weil wir sie niemals positiv erkennen. Sie leistet allenfalls unseren Handlungen Widerstand. Ich vermute, daß dieses Bemühen nicht sonderlich produktiv ist, denn eine solche Konsensdefinition von Wahrheit widerspricht doch allzu sehr unserem Aussagewillen, der, wenn er Wahrheit behauptet, zu sagen beansprucht, die Sache sei *objektiv* so und nicht anders. D. h. das Ptolemäische Weltbild war schon falsch, als die meisten Menschen es für richtig hielten.
Um solchem Einwand zu entgehen, gibt es Philosophen, die sagen, wahr sei ein *Gedanke,* der anders nicht gedacht werden könne. Wahrheit wird hier auf Denknotwendigkeit reduziert und ganz und gar aus ihrem ontologischem Anspruch entlassen, nach dem sie für eine *Aussage* mit Realitätsbezug gelte.

Ich schließe mich hier der aristotelischen Wahrheitsdefinition an. Fordere aber zusätzlich, daß eine Aussage explicite oder implicite sagen muß, in welcher der drei Welten sie spielt. Es kann also durchaus auch eine hochspekulative Sinnaussage wahr sein, wenn ich nur zureichend deutlich mache, daß sie eine Überzeugung meiner W(3) wiedergibt. Hier taucht ein Problem auf: Die weitaus meisten Menschen vertreten die problematische Überzeugung, sie könnten wahre positive Aussagen über W(1) machen — und die meisten ihrer Aussagen wären dieser Art. Das Fatale an dieser Situation ist, daß wahre Aussagen über W(1) — gäbe es sie — einen universellen Geltungsanspruch hätten — d. h. von einem Menschen mit gutem Willen und zureichendem Verstand nicht geleugnet werden könnten. Das führt dann gelegentlich zu einem problematischen Missionarismus. Wir sollten uns also auf die pragmatische Nützlichkeit der allgemeinen Akzeptation folgender Regel einigen:

Es gibt keine nicht-triviale Aussage, die nicht zu Recht und mit Erfolg in Frage gestellt werden kann und darf.

Der Grund ist simpel: Unsere wahren Aussagen spielen in W(2) oder W(3) und da sind immer die kreativen Beliebigkeiten der Erklärungsbildung im Spiel. Die Folge ist, daß wir denn auch nicht mehr von Wahrheitsfindungs-Dialektik, sondern von Problemlösungsdialektik sprechen. Wenn wir schon nicht wahre Aussagen mit absolutem Anspruch bilden und identifizieren können, so können wir doch im Horizont der Sprache Probleme lösen. Daß dieses möglich ist, entspricht der unmittelbaren Erfahrung. [Die beiden letzten Sätze sind wahr in W(2).]

Eine Zusatzbedingung einer wahren Aussage scheint mir zu sein, daß sie inhaltlich objektivierbar ist — d. h. daß (1) ein anderer Mensch verstehen kann, was ich meine, wenn ich etwas sage und (2) daß ein anderer Mensch prinzipiell in der Lage ist, die Stimmigkeit meiner Behauptung nachzuprüfen. Die letzte Bedingung stellt man im Raum der wissenschaftlichen Aussagen allgemein. Ist sie nicht erfüllt, sollte man allenfalls von *authentischen* Aussagen sprechen, nicht aber von wahren.

Die weitaus meisten Aussagen scheinen also in W(1) *unentscheidbar* zu sein. Unentscheidbar ist eine Aussage dann, wenn in der konkreten Redesituation oder auf Grund der Struktur der Aussage nicht ausgemacht werden kann, ob sie wahr oder falsch ist.

1. *Übung*

Stellen Sie fest, welche der folgenden Aussagen entscheidbar (also eventuell wahr oder falsch) sind:
1. Ich ging gestern spazieren.
2. 2 + 2 = 4
3. Der Umschlag dieses Buches ist mehrfarbig.
4. Dieser Text steht auf einer Seite mit einer geraden Zahl.
5. Im Jahre 1982 gab es eine Sonnenfinsternis.
6. Ein fallender Stein wird von der Erde angezogen.
7. Ich bin der Auffassung, daß die F.D.P. eine demokratische Partei ist.
8. In dem Raum, in dem Sie sich befinden, halten sich zur Zeit mehr als zwei Personen auf.
9. Morden ist ein Verbrechen.
10. Alle Menschen können denken.

Unterscheiden Sie bitte, welche dieser Aussagen in welcher »Welt« und welche Aussagen u. U. wissenschaftlich wahr sein können.

2. *Definitionen*

»Definitionen« sind Bestimmungen eines Begriffs durch Entfaltung seiner notwendigen Merkmale. So beinhaltet der Begriff »Brücke« als notwendiges Merkmal: »zwei Ufer miteinander verbinden« (wobei die »Ufer« sehr verschiedener Art sein können). Je nach der Art dessen, was zwischen den beiden Ufern liegt, kann man Fluß-, Eisenbahn-, Straßen-, Zahnbrücken voneinander unterschei-

den. Die Definition ist ein grundlegender Aspekt der schon vorgestellten Begriffsanalyse (vgl. Seite 32—37).
Definitionen erfassen jedoch nur die *semantische Bedeutung* eines Begriffs, nicht aber seine emotionale. Insofern wirken sie oft unbefriedigend. Sie scheinen gleichsam Leichensektionen zu ähneln, da man den Begriff zunächst entemotionalisieren (»töten«) muß, um ihn zu sezieren. Dennoch ist die Fähigkeit zu sicherem und schnellen Definieren, eine notwendige Voraussetzung jedes rational geführten Diskurses. Dient die Sprache in einer spezifischen Situation primär dazu, Emotionen zu transferieren, dann wäre allerdings jede Form von logischer Begriffsanalyse ebenso unangemessen wie unangebracht. Da alle unsere Begriffe bestimmte Merkmale und Merkmalskombinationen auf Grund von Konventionen in sich begreifen, sind die Begriffsbildungen selbst Leistungen der Sprache begründenden Konventionen unter Menschen. Weil Begriffsinhalte über Konventionen festgelegt werden, ist es etwa nicht möglich, das englische »big« mit einem Wort ins Deutsche zu übersetzen. Die deutsche Sprache kennt keinen Begriff, der genau dieselben Merkmale umfaßt wie das englische »big«.
Beachten Sie bitte:
1. Eine Definition muß möglichst in der Nähe der umgangssprachlichen Bedeutung der Wortverwendung siedeln, um allgemein akzeptabel zu sein.
2. Eine Definition muß eindeutig sein (d. h. es darf nicht einen zweiten Begriff geben, auf den sie zutrifft).
3. Eine Definition sollte i. a. nicht negativ sein.
4. Die Worte, mit denen definiert wird, sollten *einem*

Sprachspiel angehören. (Es sollten also nicht Ausdrücke kombiniert werden, die zwei verschiedenen Sprachspielen, etwa dem der Schachsprache und dem der politischen Sprache angehören. Die Aussage: »Ein König kann geschlagen werden« kann in allen möglichen Sprachen wahr sein — in der Schachsprache — wenn also die Worte »König« und »schlagen« der Schachsprache angehören — ist sie falsch. Gehört »König« der Schachsprache und »schlagen« der Umgangssprache an, dann kommt kein sonderlich sinnvoller Satz zustande.)

5. Eine Definition soll möglichst kurz, plakativ und einprägsam sein.

6. Eine Definition sollte nicht zirkulär sein, d. h. sie sollte nicht selbst offen oder versteckt den zu definierenden Begriff wiederum enthalten.

7. In eine Definition gehören keine Beispiele, Gleichnisse oder Bilder.

2. *Übung*

Definieren Sie bitte nach vorstehenden Regeln folgende Begriffe:

1. Brücke	2. Abendland	3. Marxismus
4. Materialismus	5. soziale Marktwirtschaft	6. Revolution
7. Evolution	8. Aktie	9. Dialektik
10. Freiheit	11. Gerechtigkeit	12. Aussage
13. Inflation	14. Mitbestimmung	15. Profit
16. Mehrwert	17. Anarchismus	18. Demokratie

Man sollte jederzeit in der Lage sein, die zentralen Begriffe der eigenen W(3) zu definieren, um sagen zu können, wovon man redet.

3. Theorien

Es gibt zwei verschiedene Muster, etwas zu erklären:
1) Ich frage nach der *Bedingung der Möglichkeit* eines bestimmten Sachverhalts. Die Beantwortung der Frage führt zu »Gegenständen« oder »Sachverhalten« transzendental-logischer (also nicht etwa ontologischer) Art. So konnte Kant etwa zeigen, daß eine Bedingung der Möglichkeit von Erkenntnis überhaupt die Annahme von »Ursachen« ist. Ursachen muß es damit aber noch nicht »in der Realität« [W(1)] geben — sie können transzendental-logische Produktionen unseres Erkenntnisvermögens sein (was sie übrigens auch sind), also W(2) zugehören.
2) Ich versuche, mehrere Sachverhalte *erklärend* zusammenzusehen. Diese Zusammenschau nennt man »Theorie«. Theorien spielen in W(2) und W(3) eine hervorragende Rolle. Wichtig ist, daß in der sprachlichen Erfassung von W(1) niemals transzendental-logische oder theoretische Erklärungen vorkommen *können*. Erklärungen sind also niemals in W(1) wahr.
Hieraus ergeben sich folgende wichtige Sätze über Theorien:
1. Theorien sind niemals in W(1) wahr, sondern allenfalls »brauchbar«, »nützlich« — sie entsprechen allenfalls einer Fitness-Relation zu W(1).

2. Theorien legen den Rahmen fest, in dem wir in W(2) und W(3) Erfahrungen machen können. Erfahrungen geschehen also immer schon im Horizont möglicher Erklärungen. *»Unerklärbare Erfahrungen«* werden nicht erfahren, nicht verwertet, gebraucht, bemerkt.

3. Prinzipiell kann man einer Theorie eine andere gegenüberstellen. Um auszumachen, welche Theorie die brauchbarere ist, kann man sich wohl auf folgende Kriterien einigen:

— die Theorie ist brauchbarer, die möglichst viele Sachverhalte erklärt.

— Die Theorie ist brauchbarer, die möglichst viele Prognosen aus sich entläßt. Das gilt nur für W(2)-Theorien, da W(3)-Theorien nicht prognosefähig sind.

— Die Theorie ist brauchbarer, die einfacher ist.

— Die Theorie ist brauchbarer, die für möglichst viele Menschen akzeptabel zu sein scheint.

4. Theoretische Begriffe können in einem anderen Sprachspiel Erfahrungsbegriffe sein. So ist in einem psychologischen Sprachspiel »müde« ein Erfahrungsbegriff, in einem soziologischen ein theoretischer. »Müde Studenten gähnen« wäre also eine *soziologische* Theorie und zugleich psychologisch eine generalisierte Erfahrungsaussage.

5. Theoretische Begriffe werden durch explizite Konvention eingeführt (während nicht-theoretische Begriffe einfach durch ihren Gebrauch ihre Bedeutung erhalten).

6. Taucht in einem Satz ein theoretischer Begriff auf, ist der ganze Satz theoretisch. Taucht in einem Argument ein theoretischer Satz auf, ist der Schlußsatz in jedem Fall theoretisch.

7. Ziel jeder Wissenschaft ist es, W(2)-Theorien zu produzieren, d. h. also Theorien, die in einem angebbaren Wechselverhältnis zu Erfahrungen stehen, hervorzubringen.

3. *Übung*

1. Unterstreichen Sie in einem kurzen kommentierenden Text alle theoretischen Begriffe (sie markieren so die theoretischen Aussagen).
Versuchen Sie die theoretischen Begriffe zu definieren.
Prüfen Sie, *was* die Theorie erklären soll.
Prüfen Sie, *ob* die Theorie das zu Erklärende erklärt.
Entwickeln Sie eine Konkurrenztheorie.
Vergleichen Sie Ihre und die vorliegende Theorie auf ihre theoretische Qualität.
Diese Übung können Sie nicht oft genug wiederholen.

2. Empirischen Begriffen der linken Spalte entsprechen theoretische Begriffe der rechten.
a) Beziehen Sie die Begriffe richtig aufeinander.
b) Ergänzen Sie die Begriffe der rechten und der linken Spalte.

1. Haus, Wald	a. Wetter . . . .
2. Versprecher, Traum	b. Elektromagnetische Welle . . .
3. Lampe, Licht	c. Buchhandel . . . .
4. Buch, Geldschein	d. Immobilien . . . .
5. Wort, Befehl	e. Verkehr . . . .
6. Werkstück, Arbeiten	f. Sprache . . . .
7. Licht, Wärme	g. Unbewußtes . . . .
8. Bild, Symphonie	h. Produktion . . . .
9. Auto, Ampel	i. Kunst . . . .
10. Regen, Schnee	j. Elektrizität . . . .
11. Straße, Schiene	k. Aktiengesellschaft . . . . . .
12. Aktie, Coupon	l. Straßenverkehr . . . .

4. *Beweise*

Ein Beweis ist eine stichhaltige Begründung für eine Behauptung. Die Behauptung ist eine Aussage mit Geltungsanspruch (etwa im Gegensatz zu einer Aussage in einer Erzählung, die keinen Geltungsanspruch stellt). *Wer etwas behauptet, trägt prinzipiell die Beweislast.* Er kann also jederzeit aufgefordert werden, entweder seine Behauptung zu beweisen oder deren Geltungsanspruch zurückzunehmen. Das gleiche gilt für Behauptungen in *Gegenargumenten.* Wird jedoch ein Argument nur befragt, so ist die Berechtigung der Frage nicht zu begründen, vorausgesetzt sie trifft das Argument nach Inhalt, Logik, Anwendungsbereich.

Man unterscheidet i. a. folgende Beweisformen:

1) Der induktive Beweis schließt von einigen allgemein akzeptierten Fällen auf weitere Fälle. Wissenschaftslogisch sind solche Beweise sehr problematisch, weil sie bei strengem Gültigkeitsanspruch voraussetzen, daß man bei den akzeptierten Fällen das *Wesen* des Sachverhalts erkannt habe, das in allen anderen Fällen identisch bleibt. Solche Wesenserkenntnis ist uns Menschen wohl niemals möglich, weil es vermutlich so etwas wie ein »reales Wesen« nicht gibt. Dennoch haben die induktiven Beweise für die Praxis dann einige Erheblichkeit, wenn man nur gewisse Wahrscheinlichkeiten mit ihnen zu begründen versucht.

2) *Der Beweis aus dem Gegenteil* demonstriert die Ungültigkeit eines Satzes und behauptet dann die Gültigkeit des ihm kontradiktorisch widersprechenden Satzes. Auch diese Argumentationsfigur ist problematisch. Sie setzt u. a. voraus, daß es keine dritte Möglichkeit gibt. Der »Satz vom ausgeschlossenen Dritten« ist aber ein logischer Satz, dessen ontologische Geltung für W(1) nicht zu beweisen ist. Dagegen gilt er auf Grund allgemeiner Bindung von

Denknotwendigkeit und Wahrheit in den Bereichen von W(2) und W(3).
3) *Der deduktive Beweis* schließt aus gegebenen Prämissen auf einen in diesen implicite enthaltenen Sachverhalt. In der Regel ist eine der Prämissen ein allgemeines (also in der Regel nur induktiv oder über Konvention zu sicherndes) Prinzip, während in der Praxis die andere als mehr oder weniger verallgemeinernde Aussage über Erfahrungssachverhalte als geltend behauptet wird. Offensichtlich bedürfen also auch die Prämissen wiederum eines Beweises.
4) *Der Beweis durch die Berufung auf eine objektivierbare Erfahrung* ist die Grundlage aller anderen Beweise, die über mögliche oder tatsächliche Erfahrungsinhalte handeln. *Objektivierbar* ist eine Erfahrung, wenn sie von allen Menschen ähnlicher Interessen, Kenntnisse, Begabungen und Sprache in ähnlichen und sinnvoll aufeinander zu beziehenden Sätzen wiederholt werden kann.

Beispiele für die genannten Beweistypen:

1) Die Behauptung: »Das Blut aller Wirbeltiere enthält Hämoglobin« wird begründet mit dem Hinweis, daß bislang keine Ausnahme bekannt sei (was übrigens falsch ist).
2) Die Behauptung: »Alle Schwäne sind weiß« wird widerlegt durch das Vorzeigen eines nicht-weißen Schwans (etwa eines australischen Singschwans). Es gilt dann also nur noch: »Einige Schwäne sind weiß«. Die Behauptung: »Kein Mensch ist ein Lebewesen« wird widerlegt, indem man zeigt, daß es zum Wesen des Menschen gehöre, ein Lebewesen zu sein. Also gilt: »Alle Menschen sind Lebewesen«.
3) Jemand behauptet: »Konsumgüterwerbung manipuliert« und beweist das wie folgt: Prinzipiensatz: Was ausschließlich dem Produzenten nutzt, ist Manipulation.
Faktensatz: Werbung nutzt ausschließlich dem Produzenten.
Schlußsatz: Werbung ist (also) Manipulation.
Er trägt nun die Beweispflicht für die beiden Prämissen. Diese werden

letztlich nur unter Berufung auf eine objektivierbare Erfahrung oder allgemeine Konvention zu sichern sein.
4) Jemand behauptet: »Der DM-Preis des Dollars ist gestern wieder gefallen« und begründet seine Behauptung mit den entsprechenden Informationen einer von allen Beteiligten als in dieser Sache glaubwürdigen Tageszeitung.

Der vierte Beweistyp macht in der Praxis zumeist weniger Schwierigkeiten. Schwieriger und von besonderer Bedeutung ist für die Praxis der deduktive Beweis. Er wird zumeist nicht vollständig gebracht. Die weitaus meisten Menschen beweisen etwas, indem sie auf eine (meist) akzeptierte Tatsache verweisen und daraus einen Schluß ziehen. Diesem Verfahren liegt implicite ein deduktiver Beweis zugrunde.
Es gilt nämlich allgemein: *Aus Fakten läßt sich unmittelbar kein gültiger Schluß herleiten, es sei denn man rekurriert auf ein allgemeines Prinzip.* Dieses stellt den Rahmen vor, in dem allein das Faktum seine Beweiskraft erlangen kann.

Beispiel:
Jemand argumentiert wie folgt:
Konsumgüterwerbung gaukelt eine Scheinwelt vor. [Faktensatz]
Also ist sie Manipulation. [Schlußsatz]
Dieses Argument ist nur gültig, wenn das ihm zugrundeliegende allgemeine Prinzip gilt. Und das lautet: »Alles, was eine Scheinwelt vorgaukelt, ist Manipulation«. Das aber ist falsch, denn Märchen, Träume . . . gaukeln eine Scheinwelt vor, ohne auch nur im Geringsten zu manipulieren. Also ist auch der Schluß vom Faktensatz (unterstellt einmal, er sei an sich gültig) auf den Schlußsatz unerlaubt.
Die weitaus meisten Beweise, die unter Menschen ausgetauscht werden, sind unstimmig, weil die stillschweigend zugrunde gelegten allgemeinen Prinzipien ungültig sind.

Offensichtlich ist also die Fähigkeit, einen stimmigen Beweis vorzustellen, oder die, einen vorgestellten Beweis auf seine Stimmigkeit zu prüfen, abhängig von einigen logischen Kenntnissen und Fertigkeiten. Beweisen und Beweiseprüfen ist nun aber eine der wichtigsten Funktionen jeder Dialektik. Also sind sichere Kenntnisse in Logik Voraussetzung jeder gekonnten Dialektik. Im folgenden will ich Ihnen eine kurze Einführung in die Logik des deduktiven Beweisens geben, da diese Beweisform (obzwar in der Regel verstümmelt) die wichtigste ist. Dabei beschränke ich mich auf sog. Hauptsatzschlüsse, d. h. die Prämissen sind als Hauptsätze (und nicht etwa ausschließlich als Bedingungssätze) darstellbar.

Um formalisierte Regeln darstellen zu können, müssen wir einige Abkürzungen einführen. Für die (hier ausschließlich abgehandelte) Syllogistik sind das die Folgenden:
1) Satztypen
a — steht für Sätze, deren Subjekt eine Allmenge bezeichnet. »Alle« steht dann vor dem Subjektsbegriff oder könnte davor stehen, ohne daß der Satz seine Bedeutung ändert.
Beispiele:
Alle Schwäne sind Vögel
Schwäne sind Vögel
Der Schwan (als Gattungsbegriff genommen) ist ein Vogel
e — steht für Sätze, deren Subjekt eine leere Menge bezeichnet.
Beispiele:
Kein Farn ist eine Blütenpflanze
Alle Farne sind nicht Blütenpflanzen
Nichts, was ein Farn ist, ist eine Blütenpflanze
i — steht für Sätze, deren Subjekt eine Teilmenge oder ein Individuum bezeichnet, und die bejahend sind.
Beispiele:
Einige Manager sind fleißig
Ganz wenige Arbeiter sind Drückeberger
Viele Vögel können fliegen

Sokrates war ein großer Philosoph
o — steht für Sätze, deren Subjekt eine Teilmenge oder ein Individuum bezeichnet, die aber verneinend sind.
Beispiele:
Einige Manager sind *nicht* fleißig
Sehr viele Arbeiter sind *keine* Drückeberger
Manche Vögel können *nicht* fliegen
Sokrates war *kein* guter Theologe
2) Schlußteiltypen
Ein Schluß besteht — wie gesagt — aus drei Sätzen.
Beispiele:
Alle Menschen sind sterblich (Prinzipiensatz)
Sokrates ist ein Mensch (Faktensatz)
Also ist Sokrates sterblich (Schlußsatz)
In jedem Syllogismus kommen also drei (und nur drei) verschiedene Begriffe vor:
S — bezeichnet den Subjektsbegriff des Schlußsatzes. (im Beispiel: »Sokrates«)
P — bezeichnet den Prädikatsbegriff des Schlußsatzes. (im Beispiel: »sterblich«)
M — bezeichnet den Begriff, den beide Prämissen gemeinsam haben. (im Beispiel: »Mensch«)
Ferner gilt: S bezeichnet auch das Nicht-M des zweiten Satzes (im Beispiel: »sterblich«); P bezeichnet auch das Nicht-M des ersten Satzes (im Beispiel: »Sokrates«).
Fehlt einem Syllogismus ein solches M (Mittelbegriff), folgt nichts. Beim M muß es sich um denselben Begriff handeln (dabei kann er im Singular oder Plural vorkommen, substantivisch oder adjektivisch gebraucht werden). Handelt es sich nur um das gleiche Wort und nicht um den gleichen Begriff, folgt nichts.
Beispiele:
Der Strauß ist ein Vogel.
   Kein Strauß wird friedlich ausgefochten.
Dieser Mensch ist nicht gesund.
   Alle Medikamente sind gesund.
Aus diesen beiden Satzfolgen folgt nichts, weil im ersten Fall »Strauß« äquivoke Bedeutung hat, und im zweiten »gesund« analoge.
Die erlaubten Schlüsse lassen sich nun nach folgender Matrix ermitteln. Sie sind zu vier Figuren zusammengefaßt. Die Figuren unterscheiden sich durch die Stellung des M. In der ersten Figur steht es links nach rechts überkreuz, in der zweiten beidesmal hinten . . .

1. Figur:	M x P	a	e	a	e	a	e
	S x M	a	a	i	i	a	a
	S x P	a	e	i	o	i	o
2. Figur:	P x M	a	a	e	e	a	e
	S x M	e	o	a	i	e	a
	S x P	e	o	e	o	o	o
3. Figur:	M x P	a	a	i	e	e	o
	M x S	a	i	a	a	i	a
	S x P	i	i	i	o	o	o
4. Figur:	P x M	a	a	i	e	e	a
	M x S	a	e	a	a	i	e
	S x P	i	e	i	o	o	o

1) Die rechts abgetrennten Spalten geben »Nebenschlüsse« wieder, die z. T. problematisch sind. Sie sind i. a. zu meiden.

2) Die erlaubten Schlüsse der Figuren haben Namen. Für die ersten Figuren heißen sie:

a — a — a Barbara
e — a — e Celarent
a — i — i Darii
e — i — o Ferio

Die Begründung der Behauptung des Geltens der einzelnen Spalten geschieht meist gruppentheoretisch. Nimmt man einige (logische) Probleme in Kauf, kann sie auch mengentheoretisch erfolgen. Trivial kann man sie durch Mengen beinhaltende oder ausschließende Kreise einsichtig machen.
Beispiele:
1) Alle Menschen sind gut.
Alle Guten sind freundlich.
Also: Alle Menschen sind freundlich (und) Einige Freundliche sind Menschen.
Man zeichnet zuerst den Kreis, der in beliebiger Dichte die Bilder aller derer umfaßt, die das M bezeichnet. Im Beispiel: die Menge aller Guten. Dann stellt man den ersten Satz dar. Alle Menschen (und der sie umfassende Kreis) liegen im M-Kreis. Dann folgt die Darstellung des zweiten Satzes Alle Guten werden von der Menge aller Freundlichen umschlossen.
Nun prüft man die Beziehungen, die zwischen S und P bestehen. Offensichtlich umschließt die Menge aller Freundlichen auch alle Menschen (Also »Alle Menschen sind freundlich«), zum anderen sind »alle Menschen« auch eine Teilmenge von »allen Freundlichen« (also: »Einige Freundliche sind Menschen«).

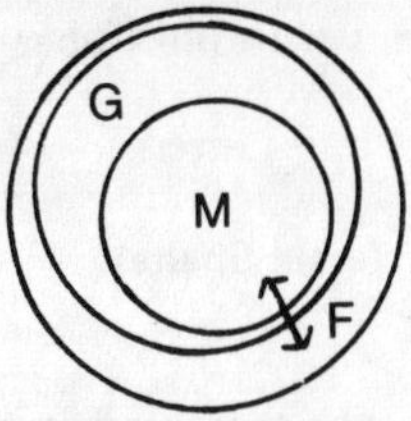

2) Kein Mensch ist barbarisch
Alle Freundlichen sind Menschen
Kein Freundlicher ist barbarisch

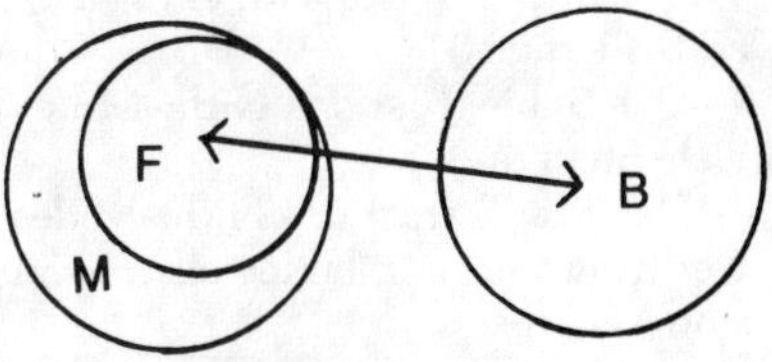

3) Alle Menschen sind gut
Einige Gute sind freundlich
— — — (Es folgt nichts Notwendiges aus diesen Sätzen)

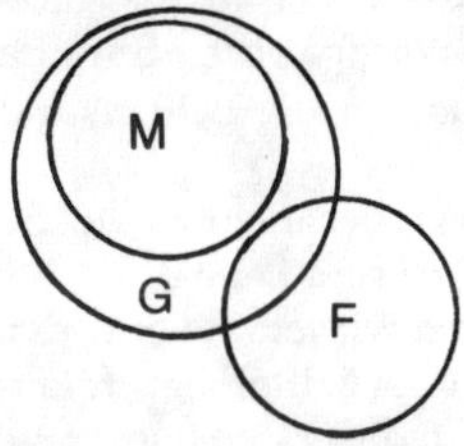

Allgemeine Regeln, um aus zwei gegebenen Prämissen einen Schlußsatz zu finden oder nachzuweisen, daß aus ihnen nichts folgt.

1. Man mache M und seine Stellungen aus.
2. Man stelle fest, welche Figur zutrifft.
3. Man bestimme den Typ der gegebenen Sätze (a, e, i, o).
4. Man stelle fest, ob die Vokalfolge in einer der nach 2. ermittelten Figur als Spalte vorkommt.
5. Kommt sie vor, bestimme man den Typ des Schlußsatzes und konstruiere ihn, indem man das Nicht-M des zweiten Satzes zum Subjekt des Schlußsatzes und das Nicht-M des ersten Satzes zum Prädikat des Schlußsatzes macht.
6. Kommt sie nicht vor, vertausche man die Prämissen und verfahre nach den Regeln 1. bis 5.
7. Folgt auch jetzt nichts, dann folgt (im Rahmen der klassischen Syllogistik) nichts aus den gegebenen Sätzen.

Diese Methode soll an zwei Beispielen erläutert werden:

1) Alle Manager sind fleißig
Alle Fleißigen zahlen zu viele Steuern.

1. Der Mittelbegriff ist »fleißig«. Er steht von rechts nach links überkreuz.
2. Es ist also die 4. Figur anzuwenden.
3. Die beiden gegebenen Sätze sind vom a-Typ.
4. Die Vokalfolge a-a kommt in der 4. Figur vor (erste Spalte).
5. Es folgt – wie aus der Matrix ersichtlich – ein i-Satz.

Dieser ist wie folgt zu konstruieren:
– Vor dem Subjekt steht ein Wort, das eine Teilmenge charakterisiert (z. B. »einige«).
– Das Subjekt ist das Nicht-M des zweiten Satzes (also: »zahlen zu viele Steuern«)
– Das Prädikat ist das Nicht-M des ersten Satzes (also: »Manager«).

Der gesuchte Satz lautet also: »Einige, die zuviel Steuern bezahlen, sind Manager«.
Dieser Schluß wirkt auf die meisten etwas verblüffend. Der Grund: In den indoeuropäischen Sprachen wird die 4. Figur nicht mitgelernt.
Wir vertauschen die beiden Prämissen. Die gegebenen Sätze lauten also:
Alle Fleißigen bezahlen zu viel Steuern.
Alle Manager sind fleißig.
Konstruieren wir jetzt wieder den Schlußsatz:
1. »Fleißig« ist Mittelbegriff. Er steht von rechts nach links überkreuz.
2. Es ist also die erste Figur zu wählen.
3. Die Satzfolge ist a-a.
4. Diese Folge kommt in der ersten Figur (1. Spalte) vor.
5. Der Schlußsatz ist ein a-Satz. Sein Subjekt lautet »Manager«, sein Prädikat: »zahlen zu viele Steuern«. Also lautet der Schlußsatz: »Alle Manager zahlen zu viele Steuern.«

2) Alle Manager sind fleißig
Einige Fleißige zahlen zu viele Steuern.
1. Der Mittelbegriff heißt »fleißig«. Er steht von rechts nach links überkreuz.
2. Es ist also die 4. Figur anzuwenden.
3. Die gegebenen Sätze sind vom Typ a-i.
4. Diese Vokalfolge kommt in der 4. Figur nicht vor.
5. Ich vertausche also die Prämissen und erhalte:

Einige Fleißige zahlen zu viele Steuern
Alle Manager sind fleißig.
1. Mittelbegriff ist »fleißig«. Er steht von links nach rechts überkreuz.
2. Es ist also die erste Figur zu wählen.

3. Die Sätze folgen als i-a.
4. Diese Folge kommt in der 1. Figur nicht vor.
5. Es folgt also nichts aus den gegebenen Prämissen.

4. *Übung* *Ergänzen Sie den fehlenden Schlußsatz.*

1. Alle Menschen sind gewinnstrebend.
Manche Gewinnstrebende sind arm.

. . . .

2. Alle Menschen sind gewinnstrebend.
Alle Gewinnstrebenden sind arm.

. . . .

3. Sokrates ist ein Mensch.
Alle Menschen sind sterblich.

. . . .

4. Alles Preiswerte ist nützlich.
Alles Nützliche ist brauchbar.

. . . .

5. Holz ist hart.
Stahl ist hart.

. . . .

6. Herr X ist nicht gesund.
Alle Medikamente sind gesund.

. . . .

7. Einige Autofahrer sind rücksichtslos.
Kein Blinder ist ein Autofahrer.

. . . .

8. Kein gefiedertes Tier ist ein Säuger.
Einige Flugtiere sind Säuger.

. . . .

9. Einige schlechte Wärmeleiter sind keine guten Elektrizitätsleiter.
Kein Metall ist ein schlechter Wärmeleiter.

. . . .

10. Alle Kommunisten sind Sozialisten.
Kein Großgrundbesitzer ist Kommunist.

. . . .

11. Viele Neger sind hervorragende Sportler.
Viele hervorragende Sportler werden von der Menge verehrt.

. . . .

12. Viele Neger leben unsittlich.
Viele unsittlich Lebende haben Syphilis

. . . .

13. Alle Marxisten sind Humanisten.
Alle Humanisten sind gute Menschen.

. . . .

14. Manche Manager sind kollegial.
Viele kollegiale (Menschen) sind tüchtig.

. . . .

15. Alle Marxisten sind selbstlos.
Manche Selbstlose sind Kapitalisten.

. . . .

Neben der Konstruktion von Schlußsätzen (und damit von logisch stimmigen Beweisen) ist das Ergänzen einer fehlenden Prämisse (in der Regel – wie gesagt – des allgemeinen Prinzips) eine Hauptaufgabe der praktischen Logik. Ehe Sie sich an das Training begeben, solche stillschweigenden Prämissen zu bilden, sollten Sie die Technik der Konstruktion von Schlußsätzen sicher beherrschen.
In den weitaus meisten Fällen können Sie die fehlende Prämisse nach der ersten Figur konstruieren. Wenn Sie hier die Folge a-a-a beherr-

schen, ist schon vieles gewonnen, da die anderen Schlüsse sich oft sehr entsprechend verhalten.

Beispiele:

Gegeben seien folgende Fakten- und Schlußsätze. Zu konstruieren ist das ihnen zugrunde liegende Prinzip.

1) Konsumgüterwerbung gaukelt eine Scheinwelt vor.
Also ist sie Manipulation.

Es handelt sich hier um zwei a-Sätze. Nach der ersten Figur muß die fehlende Prämisse auch ein a-Satz sein. Das Subjekt der fehlenden Prämisse ist das Prädikat der gegebenen (das M des Schlusses). Ihr Prädikat ist das Prädikat des Schlußsatzes (das P des Syllogismus). Die fehlende Prämisse lautet also: »Alles was eine Scheinwelt vorgaukelt (M) ist Manipulation (P).

2) Konsumgüterwerbung nutzt dem Verbraucher.
Also ist sie keine Manipulation.

Es handelt sich hier um einen a-Satz und einen e-Satz. Die stillschweigende Prämisse muß also ein e-Satz sein. Dessen Subjekt und Prädikat bestimmen sich genauso wie im vorigen Beispiel. Der zu konstruierende Satz heißt also: »Nichts, was dem Verbraucher nutzt, ist Manipulation«.

In beiden Beispielen sind die ergänzten Prämissen zweifelsfrei falsch. Also ist hier der vorgetragene Schluß vom Faktum auf eine allgemeine Behauptung unzutreffend.

5. *Übung*

Finden Sie zu folgenden Fakten- und Schlußsätzen die stillschweigende Prämisse:

1. Jemand beweist seine These: »Konsumgüterwerbung manipuliert« mit folgenden Tatsachenbehauptungen (deren Geltung hier einmal vorausgesetzt werden soll):

a) dem Verbraucher werden Verheißungen gemacht, die nicht erfüllt werden,
b) der Verbraucher muß die Werbekosten letztlich selbst bezahlen,
c) der Werbende wirbt ausschließlich um seines eigenen Nutzens willen,
d) der Verbraucher wird verführt, sich zu verschulden,
e) der Verbraucher wird verführt, seine Bedürfnisse zu unangemessen hohen Kosten zu befriedigen,
f) der Verbraucher wird dazu verführt, seine Umwelt auszubeuten

g) der Verbraucher wird dazu verführt, seine Umwelt auszubeuten und zu verschmutzen.
2. Jemand beweist seine These: »Konsumgüterwerbung manipuliert nicht« mit folgenden Tatsachenbehauptungen:
a) Werbung schafft Markttransparenz,
b) Werbung senkt die Preise, weil sie Massenproduktion ermöglicht,
c) Werbung nutzt dem Verbraucher, denn sie bedeutet Konkurrenz der Anbieter.

Neben dem richtigen Beweisen und dem Prüfen von Beweisen, erlaubt die Logik auch den Gebrauch oder die Erkenntnis von Fehlschlüssen (Paralogismen). Fehlschlüsse sind alle Schlüsse, die nach der oben angeführten Tafel nicht erlaubt sind. Es gibt drei klassische Typen von Fehlschlüssen:
1. Die beiden Prämissen sind negativ (d. h. e- oder o-Sätze),
2. Die Subjekte beider Prämissen bezeichnen Teilmengen oder Individuen (es handelt sich also um i- oder o-Sätze),
3. Beide Mittelbegriffe bezeichnen Teilmengen oder Individuen (Achtung: die Prädikate bejahender Sätze bezeichnen stets Teilmengen!).
Beispiele für Paralogismen:
1. Alle Menschen sind nicht unfreundlich.
Einige Menschen sind nicht naiv.
Einige Unfreundliche sind nicht naiv.
2. Sehr viele Menschen sind freundlich.
Sokrates ist ein Mensch.
Also ist Sokrates freundlich.
3. Alle Neger stinken.
Einige, die stinken, haben Syphilis.
Also haben einige Neger Syphilis.
(Mit diesem Paralogismus prüfte G. W. Allport die Vorurteile seiner US-amerikanischen Mitbürger gegenüber Farbigen.)
Sie sollten bewußt solche Paralogismen konstruieren, um die Regeln, nach denen sie aufgebaut sind, sicher zu beherrschen. Nur so können Sie sie auf Anhieb erkennen.
Nach einigem Training werden Sie soweit sein, daß Sie in der Lage sind, gleichsam automatisch alle unvollständigen Argumente ihrer Partner zu ergänzen und auf ihre logische und faktische Stimmigkeit zu prüfen.

Was aber tut man, wenn man durch eine logische Analyse einen Fehler im Argument seines dialektischen Partners entdeckt?
Zunächst einmal ist schon sehr viel damit gewonnen, daß man die Fehlerhaftigkeit der Gegenargumentation *erkennt*. Man nimmt sie dann nicht mehr tragisch. Das ausdrückliche Eingehen auf logische Fehler oder auf Fehler, die erst durch eine logische Analyse sichtbar werden, fordert viel Training.

Es gilt, daß man einen Fehler nur dann entlarven sollte, wenn

- die Entlarvung ohne Sympathieverlust möglich ist,
- oder der Sympathieverlust nach einer Güterabwägung in Kauf genommen wird.

5. Die Kunst des Unterscheidens

Die Kunst des Unterscheidens ist ein Herzstück der klassischen Dialektik. Sie setzt voraus, daß man in der Lage ist, schnell und sicher den Partnerbeitrag logisch und semantisch zu analysieren und dann zu entscheiden, unter welcher Rücksicht man ihm beistimmen kann und unter welcher nicht.
Will man (noch) nicht beistimmen, kann man sich die Partnerbehauptung beweisen lassen oder sie vorläufig zurückstellen.

Beispiel

Der Partner argumentiert wie folgt:
Werbung ist Verhaltensbeeinflussung zu fremden Nutzen.
Verhaltensbeeinflussung zu fremden Nutzen ist Manipulation.
Also ist Werbung Manipulation.
Dann können Sie etwa wie folgt reagieren:
Werbung ist Verhaltensbeeinflussung zu fremden Nutzen
— der Intention nach: Ja.
— dem Erfolg nach: das bitte ich zu beweisen.
Ich akzeptiere den Untersatz.
Werbung ist Manipulation
— der Intention nach: Ja.
— dem Erfolg nach: das ist zu beweisen.

Sie könnten auch wie folgt unterscheiden:
Werbung ist Verhaltensbeeinflussung zu fremden Nutzen –
alle Werbung — Nein
alle Konsumgüterwerbung — Nein
viele Konsumgüterwerbung — Ja
Entsprechend unterscheide ich den Schlußsatz
Werbung ist Manipulation
— Alle Werbung — Nein
— Alle Konsumgüterwerbung — Nein
— Manche Konsumgüterwerbung — Ja
Im ersten Fall unterscheiden sie »Manipulation«, im zweiten »Werbung«.

> Es gibt kaum ein Argument, das nicht mit geschickter Unterscheidung infrage gestellt werden kann. Es gibt kaum ein Argument, das nicht durch Unterscheidung partiell gerettet werden kann.

Da die Kunst des Unterscheidens weitgehende Perfektion im logischen und semantischen Analysieren voraussetzt, will ich sie hier nicht weiter entwickeln. Sie ist ein wichtiger Trainingspunkt in Dialektik-Seminaren für Fortgeschrittene.

Ehe wir nun die eher technischen Aspekte der Dialektik behandeln, sollten Sie das bisher Vermittelte praktisch machen. Dazu mag Ihnen folgender Fragebogen helfen.

Bitte markieren Sie jeden Punkt, der für Sie ein dialektisches Problemfeld anspricht. Suchen Sie herauszufinden, welche Mängel am gravierendsten zu sein scheinen, unterscheiden Sie geprägte von erlernten Fehlern und versuchen Sie, die gelernten Fehler durch *kontrolliertes Training* zu mindern.

1. *Hören*

1.1 Höre ich geduldig zu?

1.11 Unterbreche ich andere?

1.12 Breche ich Gespräche ab (aus nicht objektiv triftigenGründen)?

1.13 Schalte ich während des Zuhörens ab?

1.131 — weil ich zu müde bin?

1.132 — weil ich am Thema oder an den Menschen nicht interessiert bin?

1.133 — weil ich selbst sprechbereit bin?

1.134 — weil ich meinen eigenen Beitrag plane?

1.14 Zeige ich hörerinadäquates Verhalten (kein Angebot von Blickkontakt, Spielen mit Bleistift, Blättern in Unterlagen, Wippen mit den Beinen . . .)?

1.2 Höre ich genau zu?

1.21 Projiziere ich meine Erwartungen in das Gehörte?

1.22 Höre ich nur das, was mich interessiert?

1.23 Höre ich so zu, daß ich das Gehörte inhaltlich einwandfrei wiederholen kann?

1.3 Höre ich analytisch zu?

1.31 Analysiere ich die primäre Intention des Sprechenden (Information — Kontaktvergewisserung — Selbstdarstellung — implizite Appelle)?

1.32 Analysiere ich während des Hörens die genannten Fakten (welche stillschweigenden faktischen Voraussetzungen macht mein Partner? Was folgt an sachlichen Konsequenzen aus seinen Ausführungen? . . .)?

1.33 Analysiere ich während des Hörens die semantischen und die emotionalen Anteile des Partnerbeitrags?

1.34 Analysiere ich die von ihm verwandten Bedeutungen (vor allem: welche emotionale Bedeutungen haben seine »wichtigen Worte« für ihn)?

1.35 Erkenne ich, wenn ein Partner meine Vorurteile (die existentiellen, die ich in meine Selbstdefinition aufgenommen habe; die auf einmalig gewählte Standards zurückgehenden ...) infrage stellt, an meiner aggressiven Reaktion? Akzeptiere ich denn die anders gelagerte Vorurteilsstruktur des Partners — wohl wissend, daß sich hier zwei verschiedene Gewissheiten in W(3) [oder seltener in W(2)] entgegenstehen?

1.36 Analysiere ich während des Hörens die Argumente meines Partners auf ihre logische Stimmigkeit und ergänze ich seine stillschweigenden Prämissen und prüfe ich sie dann auf ihre Stimmigkeit?

2. *Sprechen*

2.1 Bin ich mir darüber im klaren, ob ich in Koordinations- oder in Subordinationsrelation mit meinem Partner oder meinen Partnern sprechen will. Befolge ich die entsprechenden Regeln?

2.2 Vermeide ich asoziales Sprechen? (Sprechen *über* ein Thema, so daß die anderen nur passive Staffage für meine Selbstproduktion darstellen?)

2.3 Spreche ich genau, anschaulich und zureichend plakativ, so daß meine Hörer meinen Beitrag inhaltlich zutreffend wiederholen können, ohne sich beim Zuhören allzusehr strapazieren zu müssen?

2.4 Vermeide ich überflüssige Redundanzen?

2.41 Benötigt mein Hörer nicht wesentlich weniger Worte als ich, wenn er mich zutreffend inhaltlich wiedergibt?

2.42 Neige ich dazu, mich zu wiederholen, wenn ich zwar noch »Sprechantrieb« in mir fühle, aber nichts Neues mehr zu sagen habe?

2.5 Plane ich den Inhalt meines Beitrags?

2.51 Beginne ich schon zu reden, ehe mir das eingefallen ist, was ich eigentlich sagen wollte?

2.52 Wenn mir etwas einfällt, während ich rede, das ich — wegen seiner Neuartigkeit für mich — für wichtig halte, spreche ich es dann aus, ohne genau Prüfung seiner realen Bedeutung für die konkrete kommunikative Situation?

2.53 Bin ich in der Lage, nur das zu sagen, was ich sagen wollte, ehe ich zu sprechen begann — und dann aufzuhören, was auch immer mir noch einfallen mag?

2.54 Bin ich in der Lage eine aggressive Reaktion meines Partners so rechtzeitig zu erkennen, daß ich sie rechtzeitig abfangen kann?

2.55 Bin ich in der Lage, ein Thema zu beenden, wenn ich feststelle, daß hier Vorurteile meines Partners angesprochen werden, mit denen ich voraussichtlich nicht fertig werde?

2.6 Spreche ich natürlich und überzeugend (= stimmen Inhalt und

Ausdruck miteinander überein)?

2.7 Frage ich richtig?

2.71 Vermeide ich das Herausfragen von Antworten, mit denen ich nicht einverstanden bin?

2.72 Vermeide ich Fragehäufungen?

2.73 Hänge ich an meine Fragen keine Erläuterungen oder Erklärungen an?

2.74 Vermeide ich eine Ausfrage-Atmosphäre?

2.75 Ermuntere ich durch mein Verhalten Fragen meines oder meiner Partner?

2.76 Stelle ich kurze (aber keine lakonischen) Fragen?

3. Einstellen

3.1 Langweile ich meine Zuhörer?

3.2 Falle ich ihnen auf die Nerven:

3.21 — weil ich mich häufig wiederhole?

3.22 — weil ich immer recht behalten muß?

3.23 — weil ich zu häufig oder zu lange spreche?

3.24 — weil ich mich nicht exakt ans Thema halte?

3.25 — weil ich auf Formalien herumreite?

3.26 — weil ich nicht richtig zugehört habe?

3.27 — weil ich offensichtlich unkonzentriert bin?

3.28 — weil ich mich nicht richtig vorbereitet habe?

3.29 Bin ich mir bewußt, daß mir alles dies Sympathien verscherzen kann — so daß ich bald »weg vom Fenster bin«?

3.3 Geht häufiger auf meine Beiträge niemand ein?

3.31 — weil ich die Interessen der anderen falsch eingeschätzt habe?

3.32 — weil ich um mich selbst kreise,

3.33 — weil ich ungenau oder garnicht zuhöre,

3.34 — weil ich nicht zureichend deutlich mache, auf welchen Aspekt des Themas ich eingehe oder an welchen Beitrag ich anknüpfe?

3.4 Bemühe ich mich um eine verständliche Sprache?

4. Gesamtintention

4.1 Ist mir Sympathiegewinn u. U. wichtiger als der Sieg? Kann ich auf den Sieg verzichten, um zu gewinnen?

4.2 Ist mir klar, ob ich Probleme lösen oder überzeugen will? Beherrsche ich die entsprechenden Techniken?

Allgemeine Dialektik

I. Regeln fairer Dialektik

Die im folgenden genannten Regeln sollten Sie beherrschen. Ob, wann und in welchem Umfang Sie sie anwenden, hängt von der Art des Anwendungsfeldes ab [Gespräch, Diskussion und Debatte, Meinungsrede]. Wer diese Regeln im fairen Gespräch oder in der Diskussion beherrscht, wird im Regelfall seine Argumente nicht unter Preis verkaufen und die Vorteile *technischer Dominanz* nutzen können. Persönliche Dominanz werden Sie jedoch durch Regelanwendung kaum erreichen.

Die Ausbildung der Persönlichkeit ist wichtigste Grundlage der Dialektik.

I. Bereiten Sie sich besser vor als Ihre Partner.

1. Vorliegende Unterlagen lesen, prüfen und auswerten.

Bringen Sie selbst realisierbare Lösungsentwürfe als *schriftliche* Unterlagen in das Vormaterial ein.

Von anderen Partnern vorgelegte Unterlagen, Materialien prüfen Sie besonders kritisch, wenn deren Interessen, Ansichten, Meinungen den Ihren entgegen stehen.

2. Beschaffen Sie sich Anschauungsmaterial.

Graphiken, statistische Skizzen und Darstellungen, Bildmaterialien . . ., die Ihre Ansicht untermauern, überzeugen oft besser als ein logisch stringenter Beweis.

3. Formulieren Sie zuvor Ihre Ansicht und suchen Sie nach Begründungen für und gegen.

Sie sollten nur in eine Debatte oder ein Gespräch gehen,

wenn Sie sich zuvor klar geworden sind, was Sie wollen. Stellen Sie Thesen auf, die dazu dienen, dieses Ziel zu erreichen. Suchen (und formulieren!) Sie Begründungen für Ihre These. **Eine Meinung ist so gut, wie die Gründe, die für sie sprechen.**

4. Formulieren Sie Definitionen.

Oft wird eine Diskussion durch die Qualifikation und Akzeptation einer Definition entschieden, vor allem, wenn die Partner aneinander vorbeireden, weil klare Begriffsbestimmungen fehlen.

Eine Definition soll kurz und einprägsam sein und Modifikationen zulassen (also keine »Schulmeisterdefinitionen«).

5. Informieren Sie sich über Ihre Partner.

Es ist vorteilhaft, das Alter, die Stellung, die Interessen, die Positionen der Partner im Voraus möglichst genau zu kennen.

Versuchen Sie vor allem, die Partnerposition im Voraus zu erkunden. Ist sie Ihnen entgegen, suchen Sie schon nach Widerlegungsgründen. Entspricht sie der Ihren, versuchen Sie sich mit dem Partner zu koalieren. Eine Gruppe von drei Personen, die an einem Strang ziehen, ist in einer Debatte nur zu »besiegen«, wenn ihr eine Gegenkoalition entgegensteht.

6. Tragen Sie geeignete Kleidung.

7. Lassen Sie einen Ihnen genehmen Raum wählen.

Ein Ihnen bekannter Raum vermittelt Ihnen Sicherheit. Ihr eigener Raum (Büro, Konferenzzimmer) gibt ihnen technische Dominanz.

8. Entspannen Sie sich.

Dialektische Vollzüge sind Spiele, die gewonnen werden wollen. Bleiben Sie also locker und entspannt. Das erlaubt Ihnen, Herr Ihrer Gefühle zu bleiben, Ihre Verwundbarkeit herabzusetzen und anpassungsfähiger zu reagieren.

Vor einer wichtigen dialektischen Auseinandersetzung also einige Zeit abschalten (an anderes denken), den Kreislauf anregen durch Bewegung (schnelles Gehen in frischer Luft, Freiübungen) und nicht durch chemische Stimulantien (Kaffee, Tee, Medikamente).

Sind Sie aufgeregt oder vegetativ labil, entspannen Sie bewußt vor und während der dialektischen Auseinandersetzung häufiger Ihre Muskulatur (vor allem Gesichts- und Schulter-Arm-Muskeln) und atmen Sie bewußt tief und ruhig (Zwerchfellatmung).

Vergessen Sie beim Entspannen alles andere. **Jetzt ist Entspannen das Wichtigste, was Sie zu tun haben.**

II. Schaffen Sie eine positive Atmosphäre.

Schaffen Sie sich *Ihr* Publikum.

1. Der erste Eindruck ist wichtig.

Vermeiden Sie alles, was die Partner abstoßen könnte:

- Imponiergehabe (in Wort, Mimik, Geste . . .),
- zu saloppe oder zu förmliche Kleidung,
- Körper- und Mundgeruch,
- Egozentrik,
- Langatmigkeit,
- Anbiedern (kumpelhaftes Benehmen),
- Mißlaunigkeit (Meckern, verbissene Mimik . . .)

2. Stimmen Sie sich optimistisch ein.

3. Betonen Sie gemeinsame Interessen.

In der Vorbereitungsphase sollten Sie über gemeinsame Hobbies, Bekannte sprechen.

In der Durchführungsphase (stets) das Gemeinsame betonen.

Behandeln Sie zuerst Teilfragen, in denen gute Einigungsmöglichkeiten bestehen.

4. Vermeiden Sie, sich und den Partner in der Einleitungsphase zu früh festzulegen.

Selbst wenn Sie eine feste Meinung zum Thema haben und über gute Gründe verfügen, sollten Sie zögernd und verhalten eröffnen, um beim Partner Festlegungen zu vermeiden, die Ihren Interessen entgegen sind und in Trotzreaktionen dann heftig verteidigt werden.

Von *formulierten* Meinungen kann man nur schwer abgehen, ohne das Gesicht zu verlieren.

Sprechen Sie auch nicht frühere Äußerungen Ihres Partners an, die Ihren Interessen widersprechen. Er bleibt sonst dabei.

5. Suchen Sie Blickkontakt.

In der normalen Diskussionsdistanz ist der Blickkontakt das wesentliche Ausdrucksmittel und Instrument, um soziale Kontakte aufzubauen.

In der engren Gesprächsdistanz sollten Sie zu langdauernde Blickkontakte vermeiden, vor allem, wenn Sie selbst sprechen (wirkt aufdringlich). Hören Sie zu, können Sie schon längere Zeit Blickkontakt aufnehmen (wirkt interessiert).

Der Blickkontakt richtet sich i. a. auf einen Punkt zwischen den Augen des Partners (wirkt aber etwas starr und aufdringlich, wenn längere Zeit durchgehalten), vor allem in naher Gesprächsdistanz sollten Sie dem Partner in ein Auge schauen (nicht zu oft hin und her wechseln).

6. Bleiben Sie gelassen und ruhig.

Der Imperativ ist relativ zu verstehen: Bleiben Sie ruhiger und gelassener als die »Aufgeregten« unter Ihren Partnern, aber seien Sie engagierter als die Interesselosen.

Zeigen Sie keine emotionelle Erregung, es sei denn, Sie halten es für richtig.

Sprechen Sie in Geschwindigkeit und Lautstärke im Mittelfeld. Im allgemeinen gilt für Diskussion: Seien Sie weder der Lauteste, noch der Leiseste, weder der Schnellste, noch der Langsamste. Im Gespräch ist es zumeist angebracht, bei »normaler« Stimmstärke und Sprechgeschwindigkeit des Partners, *etwas* leiser und *etwas* langsamer zu sprechen als er. Entrüsten Sie sich nicht.

7. Lassen Sie sich nicht provozieren.

Der Provozierte neigt zu unbedachten Äußerungen, ungeschickter Abwehr und zur Gegenprovokation (Provokationseskalation).

8. Unterbrechen Sie Ihren Partner nicht.

Das wirkt unhöflich und ungeduldig, oft auch arrogant. Lassen Sie sich nicht unterbrechen!

Sie geben sonst die Führung ab. In Extremfällen können Sie zur Nichtperson degradiert werden.

9. Sprechen Sie Ihren Partner mit Namen an.

Das schafft Vertrauen und zeigt ihm, daß Sie ihn als Person akzeptieren. Achten Sie darauf, daß Sie den Namen richtig aussprechen.

10. Seien Sie vorsichtig mit humorigen Bemerkungen und Komplimenten.

Die große Zeit der rhetorischen Figur der »captatio benevolentiae« durch Komplimente ist vorbei. Jeder kennt sie. Wenn sie schon Komplimente machen, dann sorgen Sie dafür, daß sie geistvoll sind.

Humorige Bemerkungen gehören allenfalls ins Gespräch, nicht aber in die Diskussion. Hier ist allenfalls der Ort geistreicher Bemerkungen (Bonmots und Geistreicheleien sind nicht geistreich!).

III. Fragen Sie.

Wer fragt, der führt.

1. Stellen Sie W-Fragen

W-Fragen (warum, was, wann, wer, weshalb, wo, wodurch, wem, wie . . .) sind meist besser als Alternativfragen (diese erlauben eine einfache Antwort: »Ja« oder »Nein«).

Vermeiden Sie Doppelfragen (»Meinen Sie das so oder so?«), es sei denn, Sie wollen den Partner in die Festlegung zwingen.

Vermeiden Sie Fragereihen (der Gegner sucht sich dann die ihm genehmste Frage aus, beantwortet sie und erweckt den Anschein, er habe alle Ihre Fragen beantwortet, vor allem wenn er die Antwort ausladend und gründlich ausbaut).

2. Fragen Sie niemals fahrlässig.

Provozieren Sie keine Antworten, die Ihrer Ansicht widersprechen. Fast jeder Mensch ist bereit, sich überzeugen zu lassen, solange er sich noch nicht festgelegt hat. Hat er sich aber einmal festgelegt, ist das Überzeugen vom Gegenteil sehr schwer. Eine Antwort aber ist eine Festlegung.

3. Beginnen Sie ein Gespräch mit unverfänglichen Fragen.
Sie zeigen damit das Interesse am Menschen.

4. Legen Sie im Diskussionsverlauf die Richtung durch Fragen gezielt fest.
Der Diskussionsfluß wird meist durch gezielte Fragen bestimmt. Übernehmen Sie hier die Initiative. Fragen Sie auf *Ihr* Diskussions- oder Gesprächsziel hin.

5. Fragen Sie Definitionen ab.
Die Frage: »Was verstehen Sie unter . . .?« ist angebracht,
- wenn Sie merken, daß die Partner aneinander vorbeireden,
- wenn Sie merken, daß Ihnen die Führung entgleitet.

Bringt der Partner keine saubere Definition, bieten Sie Ihre an. Bringt der Partner eine Ihnen unangenehme Definition, bestreiten Sie deren Zutreffen (indem Sie Dinge . . . nennen, die auch unter die Definition fallen, nicht aber gemeint sind, oder indem Sie Dinge . . . nennen, die unter die Definition fallen müßten, aber nicht mitbegriffen werden) und bieten Sie dann Ihre an.

Begründung:
Wer behauptet hat die Beweislast (nicht aber wer fragt).
Sie können nichts Falsches sagen.
Sie stellen den Partner in den Mittelpunkt, das schmeichelt ihm und lockt ihn aus der Reserve.
Sie helfen ihm, also wird er auch bereit sein, Ihnen zu helfen.
Sie stellen seine Interessen und Positionen fest, ohne Ihre preiszugeben.

Sie lenken ihn von seiner ursprünglichen Disposition ab.
Sie zwingen ihn zur Begründung und zur Einsicht der Grenzen.

Dialektik spielt nicht im Gegenüber von Behauptungen und Meinungen, sondern im Spiel von Frage und Antwort.

Anmerkungen:

1. Vermischen Sie dominante Fragen nicht mit anderen Weisen, technische Dominanz zu zeigen.
2. Fragen Sie nicht zu oft (oder gar nur).
3. Hören Sie geduldig zu.

Geduld rentiert sich immer und vergibt sich nichts.

4. Wenn Sie fragen, reden Sie nicht zuviel.
5. Sie lenken von der Schwäche Ihrer Argumentation ab, wenn Sie eine interessante Frage anhängen.
6. Vermeiden Sie insistierende Warum-Fragen. (Sokrates brachten seine insistierenden Warum-Fragen die Antipathie der Athener ein, so daß sie ihn unter fadenscheinigen Begründungen zum Tode verurteilten.) Dauernde Warum-Fragen machen zwar den Partner mürbe, bringen ihn in Argumentations- und Begründungsnot (bis hin zum unausgesprochenen Eingeständnis: »Ich weiß, daß ich nichts weiß«), doch können sie arrogant und penetrant-dominant wirken.
7. Besser sind Fragen des Typs: »Worauf kommt es Ihnen hier besonders an?«, »Worauf legen Sie besonderen Wert?«, »Was halten Sie für das Wichtigste?«, »Was schlagen Sie vor?«, »Welche Lösung sehen Sie?« (nicht: »Kennen Sie eine bessere Lösung?«), »Welchen Vorteil sehen Sie in ...?« ...

IV. Demonstrieren Sie.

1. Bringen Sie kurze und anschauliche Beispiele und Vergleiche.

Vermeiden Sie aber i. a. Häufung von Beispielen. Gereihte Beispiele wirken oft schwach und langweilen. Haben Sie mehrere zur Hand, wählen Sie das treffendste. Dagegen können gehäufte *Gegen*beispiele sehr wirkungsvoll sein.

Ist das Beispiel erklärungsbedürftig oder erfordert seine Darstellung einen langen Zeitaufwand, verzichten Sie besser, es zu bringen, oder tragen Sie es in Form einer interessant gebotenen Erzählung vor (in Diskussionen weniger angebracht)*.

2. Legen Sie Tabellen, Photos, Skizzen, Zeichnungen, graphische Darstellungen vor.

Die Vorlage muß zum richtigen Zeitpunkt geschehen. Richtig ist die Angriffsphase (in einer Verteidigungsphase eingebrachtes Anschauungsmaterial wird kaum sonderlich wirken). Richtig ist i. a. auch die Eröffnungsphase einer Diskussion (aber nicht das Eingangsstatement). Richtig kann auch die Schlußphase sein (vor allem nach einem für Sie günstigen Verlauf der Diskussion).

Seien Sie vorsichtig bei der Darlegung absoluter statistischer Angaben, sondern relativieren Sie sie (nennen Sie Vergleichszahlen, Trendaufweise ...). Alles andere wirkt langweilig.

Zitieren Sie Statistiken aus dem Kopf, sagen Sie sie und notieren Sie sich die von Ihnen genannten Zahlen. (Es ist ein beliebter Trick, nach einiger Zeit Ihre Zahlen leicht entstellt wiederzugeben. Bemerken Sie die Entstellung nicht, geben Sie dem Gegner die Chance, Ihre Glaubwürdigkeit zu bezweifeln.)

V. Nennen Sie die besten Argumente nicht zu früh.

Es ist gut, noch einige Pfeile im Köcher zu haben.

1. Ketten Sie Ihre Argumente, nennen Sie das Beste zuletzt.

Im Regelfall wird nur das Letzte aufgegriffen.

* Ein Beispiel erläutert und widerlegt – beweist aber nur selten etwas (weil Gegenbeispiele gefunden werden können).
Hüten Sie sich vor Übertreibungen (vor allem bei Beispielen und Statistiken).

2. Beginnen Sie aber auch nicht mit dem schwächsten Argument.

Sie erwecken den Anschein, der sich hin bis zum Vorurteil weiten kann, Ihre Position sei schwach!

3. Werden Sie nicht gezwungen, Ihre guten Argumente während der Diskussion einzusetzen, bringen Sie eines als letztes (im Schlußwort).

Sie demonstrieren so Ihre Überlegenheit (bzw. die Ihrer Position). Der letzte Eindruck ist oft entscheidend für die Gesamtwirkung Ihrer Argumentation.

Anmerkung:

Diese Regeln gelten nicht für streng sachbezogene Gespräche, sondern für Meinungsbildungsgespräche und Diskussion oder Rede.

Argumentkettungen haben den Nachteil, daß sich der Partner das schwächste Argument aussuchen kann, um Sie anzugreifen und in Frage zu stellen.

Greifen Sie selbst das schwächste Argument auf, wenn der Partner kettet. Dabei sollten Sie nicht zu engagiert vorgehen (sie müssen Ihr Engagement steigern können, wenn gefährlichere Gegenargumente aufkommen werden), sondern eher en passant »widerlegen« (das wirkt eleganter).

Merken Sie, daß der Partner gute Argumente zurückhält, locken Sie ihn durch Warum-Fragen aus der Reserve.

VI. Sprechen Sie zum richtigen Zeitpunkt.

Ein Statement zu früh oder zu spät abgegeben, bleibt wirkungslos.

1. Vermeiden Sie in der Diskussion Rückgriffe.

Rückgriffe stören den Diskussionsfluß und ärgern die Partner (und Zuhörer),

- verhindern den Aufbau eines Sympathiefeldes,
- machen deutlich, daß Sie sich schlecht auf das Interesse, die Erwartung der Gruppe einstellen.

Rückgriffe sind nur dann angebracht, wenn zuvor etwas

gesagt wurde, das man *auf keinen Fall* durchgehen lassen kann.

Wenn Sie schon zurückgreifen müssen, beginnen Sie in Anknüpfung an das unmittelbar zuvor Gesagte, Gefragte und versuchen dann, in einer eleganten Wendung auf das Zurückliegende einzugehen.

2. Sagen Sie nur das, was Sie bei der Worterteilung sagen wollten.

Fällt Ihnen während des Verlaufs Ihres Sprechens noch etwas Gutes ein, verzichten Sie darauf, es jetzt zu sagen, sondern heben Sie es, nach Notiz, für einen späteren Beitrag auf.

In aller Regel verwässern Sie nur die Kraft Ihrer Aussage, wenn Sie zusätzliche Einfälle anhängen.

3. Ist die Diskussion an Ihnen vorübergelaufen, erhalten Sie die Wortmeldung nicht um jeden Preis aufrecht.

Es wirkt keineswegs schlecht, wenn Sie sagen:

»Ich möchte mich im Augenblick noch nicht dazu äußern.«

»Ich denke, daß zu diesem Teilaspekt schon genügend gesagt wurde.«

»Ich ziehe meine Wortmeldung zurück.«

Ist aber Ihr Beitrag (nicht nur für Sie) dringlich und wichtig, sollten Sie ihn bringen.

4. Erwecken Sie im Gespräch oder bei Verhandlungen den Eindruck, als ob Sie Zeit haben.

Lassen Sie sich niemals unter Zeitdruck setzen.

Brechen Sie lieber ein Gespräch oder eine Verhandlung vorübergehend ab (und nennen Sie, wenn möglich, einen Ihnen geeigneten Termin, fortzufahren).

VII. Führen Sie Partner-orientierte Gespräche.

1. Vermeiden Sie »Ich-Eröffnungen«.

Schlecht sind Eröffnungen wie:

- »Ich komme zu Ihnen, um . . .«
- »Ich brauche dringend . . .«
- »Ich bin der Ansicht, daß . . .« . . .

Dagegen können Sie — ohne zu übertreiben — »Sie-Anreden« verwenden:

- Sie vermuteten . . .
- Sie unterstellten . . .
- Sie behaupteten . . .
- Sie fragten . . .

Solche Eröffnungen sollen dem Partner zeigen, daß Sie ihn ernst nehmen und sich vergewissern wollen, ihn recht verstanden zu haben. Vermeiden Sie jedoch durch diese Einleitung

- Ihren Partner zu bedrängen,
- Ihren Partner auf eine Meinung zu fixieren, die nicht die Ihre ist.

2. Argumentieren Sie aus der Gegenposition (e contrario).

Legen Sie Ihre Nicht-Meinung vor und widerlegen Sie sich selbst. Die Widerlegung muß optimal sein (die besten Gründe einsetzen!). Sie verhindern, daß diese Nicht-Meinung aufgegriffen wird. Sie behalten Gesprächs- oder Diskussions-Dominanz.

3. Nehmen Sie in dialektischen Auseinandersetzungen mögliche Einwände vorweg.

Es ist immer klug, auch die Schwächen der eigenen Position zu bemerken.

Stellen Sie fest, daß Ihr Publikum *plötzlich* unruhig wird, können Sie davon ausgehen, daß Sie entweder zu langatmig, zu leise oder zu wenig überzeugend sprechen. In dieser Situation kommen oft (noch nicht formulierte aber formulierbare) Gegenargumente zustande. Versuchen Sie sie zu erfassen und zu artikulieren. Sie können dabei folgende Form wählen:

»Es läßt sich hier natürlich einwenden: . . .«,

»Nun höre ich schon einige unter Ihnen fragen: . . .«,

»Zurecht muß an dieser Stelle gefragt werden: . . .«.

Eleganter ist jedoch — vor allem in der Rede — die implizite Form: Sie stellen ausdrücklich eine von Ihrer unterschiedene These auf, prüfen Sie kritisch (mit Gründen und Gegengründen) und weisen sie entweder zurück, oder (besser:) Sie modifizieren Ihre These in der Formulierung so, daß sie als Synthese zwischen Ausgangs- und Gegenthese *erscheint* (dialektische Argumentation).

Begründung:

1. (zu 1:) Sie stellen die Meinung, das Interesse . . . des Partners fest, aktualisieren es und besorgen eine positive Stimmung.

2. (zu 2:) Sie suggerieren dem Partner eine Ihnen genehme Variante seiner Meinung, seiner Interessen . . .

Abwehr:

1. Achten Sie sorgfältig darauf, ob Sie die Ihnen unterschobene Meinung auch *vorher* tatsächlich äußerten und jetzt vertreten wollen.

2. Replizieren Sie mit einer Gegenfrage.

Für alle Abwehrstrategien gilt: Beherrschen Sie die vom Gegner verwandte Technik selbst, dann durchschauen Sie seine Absicht und werden gegen Insinuationen immun.

VIII. Sprechen Sie Ihre Partner emotional an.

Die meisten Menschen orientieren sich stärker an Gefühlen, als sie selbst es wissen.

1. Verwenden Sie — in Grenzen — emotionsbesetzte Worte.

2. Wirken Sie spontan und nicht »strategisch«.

- Ihr Partner soll nicht den Eindruck haben, manipuliert zu werden. Er muß merken, daß ihm ein Mensch und kein »Gehirn« oder »Computer« gegenübersitzt. Wenden Sie deshalb die Regeln positiven Ausdrucks an.
- Er muß davon überzeugt sein, daß Sie das meinen, was Sie sagen, nur dann wird er Sie akzeptieren, gesprächsbereit sein und sich selbst öffnen. Mißbrauchen Sie aber niemals eine solche emotionale Öffnung zu nur Ihrem Nutzen (das ist hochgradig unfair und bricht jedes Vertrauen).
- Ihr Partner möchte ernst genommen werden mit seinen Bedürfnissen, Meinungen und Interessen.
- Wirken Sie gelangweilt, desinteressiert, neutral oder reserviert im Ausdruck, erzeugen Sie Ablehnung und Abwehr.

• Wirken Sie interessiert und zeigen Sie, daß Sie den Partner annehmen, wird er auch Sie leichter annehmen.

4. Wirken Sie gleichberechtigt und nicht überlegen.

Jede Demonstration der Überlegenheit (in dialektischer Taktik, in intellektuellen Fähigkeiten, Einfluß und Macht, Einkommen . . .) erzeugt Abwehr. Der Partner verdrängt das, was Sie sagen, wird uninteressiert und »schaltet ab«. Gibt man sich gleichberechtigt, indem man erkennen läßt, daß man die Differenzen für nicht erheblich oder für unwesentlich hält, wird man Zuwendung, Interesse und Offenheit erfahren.

5. Wirken Sie eher improvisierend als formalistisch.

Wenn Sie den Eindruck machen, daß Sie schon alles kennen, was der Partner Ihnen zu sagen hat, überhaupt nicht auf Informationen angewiesen sind, dogmatisch fixiert oder starr an Regeln, Vorsätzen, Meinungen etc. festhalten, zeigen Sie mangelnde Toleranz für andere Positionen.

Akzeptieren Sie dagegen fremde Hilfe, korrigieren Sie Ihre Meinungen (nicht leichtfertig und nicht zu schnell), verlassen Sie ausgefahrene Geleise, so animieren Sie die Eigeninitiative des Partners und seine Bereitschaft, mit Ihnen zu sprechen und zusammenzuarbeiten.

6. Vermeiden Sie, moralische Qualifikationen an Partner (Anwesende) auszuteilen.

Die Ansicht Ihres Partners kann sachlich schlechter sein als die Ihre, ist es aber selten vom moralischen Standpunkt aus. Qualifizieren Sie ihn als unmoralisch ab, wird sich der Partner von Ihnen zurückziehen (weil er sich aufgefordert fühlt, sein Verhalten — nicht seine Meinung — zu ändern).

7. Vermeiden Sie apodiktische Formulierungen.

Sie wirken überzeugender und sympathischer, wenn Sie zu erkennen geben, daß sie selbst auch noch nach einer optimalen Antwort suchen.

Das allein ist die Basis allen Teamworks (und alle Dialektik sollte wenigstens als Teamwork *erscheinen*).

Benutzen Sie in dominanter Position ruhig abschwächende Redewendungen:

»Ich möchte meinen, daß . . .«,

»Ich könnte mir vorstellen, daß . . .«,

»Ich halte es für möglich, daß . . .«,

»Ich versuche es einmal mit folgender Begründung: . . .«.

Vermeiden Sie dabei alle Übertreibung.

Doch verwenden Sie diese Wendungen nur bewußt. Sonst sind es überflüssige Floskeln.

8. Vermeiden Sie im Regelfall suggestive Einleitungen.

Der Partner wird sie — oft unbewußt — als suggestiv erfahren und sich bedrängt fühlen. Er zieht sich von Ihnen zurück.

Suggestive Einleitungen wie:

»Stellen Sie sich doch einmal vor . . .«,

»Was würden Sie sagen, wenn . . .«,

»Was meinen Sie wohl, was geschieht, wenn . . .«,

»Denken Sie doch einmal daran, daß . . .«,

dürften nur sehr selten überzeugen.

9. Vermeiden Sie negative Formulierungen.

10. Stellen Sie partielle Meinungs-, Interessenidentitäten fest und betonen Sie Gemeinsamkeiten.

Aber auch hier ist jede Übertreibung zu vermeiden.

IX. **Vermeiden Sie unnötige Spannungen.**
In einer spannungsgeladenen oder gereizten Atmosphäre läßt sich nicht überzeugen.

1. Erkennen Sie den Partner als ernstzunehmend an.

2. Vermeiden Sie jede Form von Rechthaberei und Überlegenheitsdemonstration.

3. Vermeiden Sie intransigentes Fragen und apodiktische Behauptungen.

4. Vermeiden Sie Übertreibungen (Superlative).

5. Geben Sie zu, wenn Sie sich (offensichtlich) geirrt haben.

6. Korrigieren Sie Irrtümer des Partners nicht um jeden Preis, sondern nur, wenn es notwendig ist.
Verfahren Sie dabei höflich und behutsam. Ihr Partner wird es Ihnen danken, daß er sein Gesicht wahren konnte.

7. Sagen Sie nichts Negatives über Ihren Partner.
Greifen Sie nicht seinen Lebenswandel an, bezweifeln Sie nicht offen seine Kompetenz.

8. Vermeiden Sie aggressive Redewendungen.
Hierzu gehören Formeln wie:
»Sie müssen mir doch zugeben, daß . . .«,
»Lassen Sie sich doch überzeugen . . .«,
»Sie haben mich falsch verstanden, wenn Sie behaupten . . .«,
»Das können Sie mir nicht weismachen« . . .

9. Wenn möglich, widerlegen Sie nicht, sondern antworten Sie.

Begründung:
1. In einem emotional negativ besetzten Feld läßt sich kaum überzeugen.

2. Sie provozieren Trotzreaktionen (Nun erst recht!).
3. Sie vermeiden, daß sich das Gesprächsklima auf Ihre Person überträgt.

Abwehr:
1. Bleiben Sie gelockert.
2. Lassen Sie Ihren Partner ruhig ausreden, damit er sich abreagieren kann.
3. Reagieren Sie selbst nicht mit sachlichen Einwänden, sondern allenfalls mit ruhigen, leise gestellten Fragen.
4. Gestehen Sie (offensichtliche) Fehler ein.
5. Vermeiden Sie jedes »Nein«, sondern wählen Sie konziliantere Formen der Ablehnung (z. B.: »Grundsätzlich stimme ich Ihnen zu, doch in einem Punkt habe ich noch Schwierigkeiten«, »Ich möchte Ihnen gerne zustimmen, aber da scheint mir eine Frage noch nicht ganz geklärt« ...).

Also: Bauen Sie Spannungen ab!
Ist dies nicht möglich, brechen Sie das Gespräch, die Diskussion ab.

X. Versuchen Sie aus Defensivsituationen auszubrechen.
Aus der Defensive läßt sich kaum überzeugen.
Der Angriff ist die beste Verteidigung. — Werden Sie nie als erster unfair. Ein Teil der genannten Methoden berühren unfaire dialektische Strategien (vgl. dazu folgendes Kapitel).
1. Stellen Sie Fragen.
2. Verlangen Sie schlüssige Beweise und saubere Definitionen.

3. Beweisen Sie Unbestreitbares exakt. Widerlegen Sie Nichtbehauptetes exakt.

4. Gehen Sie auf ein schwaches Detail der gegnerischen Behauptungen gründlich ein.

5. Stimmen Sie bloß rhetorisch zu.

Betonen Sie die Wichtigkeit (nicht aber die Richtigkeit oder Wahrheit) der gegnerischen Ansicht.

6. Stellen Sie leicht zu widerlegende Argumente des Gegners als besonders bedeutsam heraus und widerlegen Sie sie.

7. Übernehmen Sie eine Mittlerfunktion zwischen streitenden Partnern.

Das bedeutet allerdings den wenigstens vorläufigen Verzicht auf die Vertretung Ihrer eigenen Meinung.

XI. Wenn Sie nichts zu sagen haben, schweigen Sie.

Abschließend wollen wir noch einmal die vier wichtigsten Grundregeln der angewandten Diskussionsdialektik vorstellen:

1. Vermeiden Sie Redundanzen.

Wiederholungen langweilen nur.

Sagen Sie nur das, was Sie, ehe Sie zu sprechen begannen, sagen wollten. Alles andere schwächt Ihre Position ab und verwässert Ihr Argument, selbst, wenn Ihnen das »unterwegs« Eingefallene gut und wichtig zu sein scheint. (Es ist es nicht!).

2. Fragen Sie.

Die weitaus meisten Diskussionspartner fragen viel zu wenig.

Bevorzugen Sie W-Fragen.
Denken Sie daran, daß im dialektischen Spiel der Fragende angreift. Angriff ist oft die beste Verteidigung. Der Fragende vergibt sich nichts (wenn seine Fragen nicht allzu töricht sind). Er gibt seine Position nicht vorzeitig preis.

3. Denken Sie logisch und nicht assoziativ.
Ketten Sie Ihre eigenen Gedanken logisch aneinander und nicht assoziativ [in der assoziativen Verknüpfung hängen Sie Ihre weiteren Ausführungen an ein (meist emotionsbesetztes) Stichwort an].
Analysieren Sie die Argumente Ihrer Gegner und Partner logisch. Wenn Sie auf »Reizworte« anspringen, kann man Sie leicht manipulieren. Stellen Sie Ihre »Reizworte« fest (das sind Worte, auf die sie, emotionalbedingt, assoziativ reagieren). Die Verwendung von Reizworten ist eine Falle, in die Sie allenfalls Ihren Gegner locken sollten, niemals sollten Sie aber selbst hineinfallen.

4. Stellen Sie sich auf die Diskussionsgruppe ein.
Viele Benutzer eines EC denken und argumentieren personen- und nicht gruppenorientiert. Sie behandeln Ihre Partnergruppe als Summe von Individuen (und das ist sie nicht).
Fragen Sie sich vor einer Diskussion, Konferenz ..., bei der Sie es mit einer Gruppe zu tun haben, was sind die *Interessen* der Gruppe, was ihre *Erwartungen* an mich, wie ist sie *gestimmt*. Und stellen Sie sich darauf ein.
Auch während einer Diskussion, Konferenz ... ist es wichtig, sich diese Fragen wiederholt zu stellen, denn Stimmung, Erwartung und Interesse können im Verlauf leicht wechseln.

Exkurs: Diskutieren im Antipathiefeld.

Mitunter können Sie in eine Situation kommen, in der Sie aus einer outsider-Position argumentieren müssen. **Nur wenn die Umstände Sie nötigen, in dieser Situation zu diskutieren, sollten Sie die Diskussion eingehen. Versuchen Sie ihr — wenn möglich — auszuweichen.**

Regeln:

1. **Bleiben Sie ruhig und gelassen.**

2. **Verteidigen Sie sich nicht** (greifen Sie an).

3. **Lassen Sie die anderen sprechen.** Zeigen Sie aber keine Zeichen von Unsicherheit oder Ungeduld.

4. **Vermeiden Sie es, Ihre Ansicht selbst zu vertreten.**

Vertritt ein anderer Partner eine Meinung, die der Ihren nahekommt, geben Sie vor einer eventuellen Abstimmung keinerlei Zeichen von Zustimmung.

Greifen Sie die Meinung, die der Ihren entgegen steht, auf und *verteidigen* Sie sie langatmig und mit schwachen Gründen. Weist man Sie zurück, zeigen Sie Zeichen von Niedergeschlagenheit und Unlust. Kommen Sie immer wieder auf Ihre Argumente zurück. **Die negative Besetzung überträgt sich von Ihnen auf die von Ihnen vertretene Ansicht — sie wird nicht mehr leicht akzeptiert werden.**

Greift man Sie persönlich im Zusammenhang mit der von Ihnen (scheinbar) verteidigten Ansicht an, freuen Sie sich, ohne Freude zu zeigen.

5. **Greift man Sie persönlich an** (außer dem unter 4. genannten Fall), **verlassen Sie den Raum** (jetzt haben Sie einen zureichenden Grund!). Deshalb können Sie persönliche Angriffe evozieren (Dominanzgebaren, Rechthaberei,

Anträge zur Geschäftsordnung, Stören des Diskussionsflusses durch insistierende Warum-Fragen, durch Rückgriffe auf Zuvorgesagtes, durch Abweichen vom Thema, durch Falschbehauptungen . . .).

Diese Regeln gelten nur, wenn es sicher ist, daß es Ihnen nicht gelingen wird, das Antipathiefeld in der Diskussion abzubauen.

Überlegen Sie sich die Gründe, warum man Sie ablehnt. Können Sie die Gründe abstellen, ohne sich selbst untreu zu werden, beheben Sie sie. Das ist ein langwieriger Prozeß, denn nichts ist so stabil wie Antipathie begründende Vorurteile. Sehen Sie auf die Dauer keine Möglichkeit, das Antipathiefeld zu beseitigen, sollten Sie sich nach einer anderen Stellung umsehen.

II. Abwehr unfairer dialektischer Angriffe

Oft kommen unfaire dialektische Angriffe überraschend. Sehr oft hat das zur Folge, daß der Angreifer die Art der Interaktion bestimmt und — bewußt oder unbewußt — die Emotionen festlegt, die dabei eine Rolle spielen. Damit ist zumeist die Chance verspielt, optimal zu reagieren.

Optimal reagieren können Sie nur, wenn Sie (bei aller Erregung) in der Lage sind, den Grund für den Angriff zu erkennen, denn verschiedene Angriffsursachen erfordern verschiedene Abwehrstrategien.

Folgende Gründe sind die wichtigsten:

1. Man macht sich einen Scherz mit Ihnen. Weil Sie müde oder deprimiert oder aggressiv gestimmt sind, nehmen Sie den Scherz nicht wahr oder reagieren sauer auf ihn. Die Reaktion wird in beiden Fällen unangemessen sein.
2. Man spielt ein *verspieltes Spiel* mit Ihnen. Dann hat der Angriff meist die Funktion, bei Ihnen Schuld-, Scham- oder Angstgefühle auszulösen, um sie ausnutzbar zu machen. Das Spiel besteht darin, daß Kommunikation unter der scheinbaren Vorgabe eines Informationsgesprächs angeboten wird. Wenn Sie abends erschöpft und spät nach Hause kommen und Ihre Frau fragt Sie: »Liebling, warum kommst du heute wieder so spät nach Hause?« ist das zumindest nach einigen Ehejahren kein objektives Interesse an Ihrer Arbeit, sondern das Angebot zu einem verspielten Spiel.
3. Man spielt ein *Vernichtungsspiel* mit Ihnen. Gemeint ist eine Situation, in der der Angreifer gegen Sie persönlich gar nichts hat, sondern nur insofern Sie als Repräsen-

tant eines Unternehmens, einer Partei, eines gesellschaftlichen Systems . . . tätig werden. Er will Sie deshalb »fertig« machen. Die folgenden Regeln gehen von dieser Situation aus, da die anderen Angriffssituationen meist sehr spezifisch von der Individualität der beiden Kontrahenten abhängen.

4. Dem Angriff liegt ein *destruktiver Konflikt* zugrunde. Es ist hier zu unterscheiden, ob Sie selbst der genuine Konfliktpartner sind, oder ob Sie nur Stellvertreterfunktionen haben. Auch ist zu unterscheiden, ob es sich um einen innerpsychischen Konflikt handelt (an dessen Entstehen Sie vielleicht mitgewirkt haben) oder um einen sozialen Konflikt, in dem die Beziehung der Partner selbst der Konfliktgrund ist. In allen diesen Fällen werden Sie anders vorgehen müssen. Voraussetzung bei der optimalen Bewältigung dieses Konflikttyps ist eine zureichende Kenntnis der Ursachen und Verlaufsweisen von Konflikten.*

Die wichtigsten Fehler:

1. Sie lassen sich die Emotion oder Stimmung vom Konfliktpartner vorschreiben.
2. Sie folgen ihm in Lautstärke und Sprechgeschwindigkeit.
3. Sie versuchen, ihm möglichst weh zu tun, und eskalieren damit die Szene.

---

* Vgl. dazu: R. Lay, Krisen und Konflikte, München (Langen-Müller/Herbig) 1980

4. Sie begeben sich in Verteidigungsposition, beginnen Erklärungen abzugeben oder gar sich zu entschuldigen. Dabei geben Sie freie Information.

5. Sie behalten nicht die innere Lässigkeit des Spielens mit dem Gegner bei und stehen dann ganz *in* der Situation und nicht mehr *über* ihr.

Sind Sie mit dem Gegner allein oder haben Sie die Mehrzahl der Anwesenden auf Ihrer Seite *und* ist Ihnen nichts an einer Verbesserung des Verhältnisses zum Angreifer gelegen, können Sie einige klassische Abwehrtechniken versuchen:

1. Sie reagieren völlig inadäquat, indem Sie Antworten oder Erwiderungen einsetzen, die die Sache des Angreifers nur entfernt betreffen.

2. Sie spielen Unwissenheit, Schwerhörigkeit, Unkonzentriertheit und lassen den Angreifer sich mehrmals wiederholen.

3. Sie wiederholen fragend das letzte emotional besetzte Wort des Angreifers.

4. Sie sagen überhaupt nichts, sondern schauen den Angreifer freundlich oder interessiert an, nicken gelegentlich mit dem Kopf und geben Urlaute des Typs »Mmm« von sich.

Im Folgenden sollen nun einige klassische Formen des unfairen Angriffs dargestellt und einige mögliche Abwehrstrategien angeboten werden. Achten Sie bei der Verwendung einer Abwehr sorglich darauf, daß sie zu Ihnen paßt.

1. Statt Thesen, Ansichten, Behauptungen des Gegners anzugreifen, attackiert man seinen Lebenswandel, seinen Lebensstil, verurteilt seine moralischen Fehler (mit dem Unterton der Entrüstung).

Abwehr:

1. Die Leichtgläubigkeit des Gegners feststellen und seine Fähigkeit zur sachlichen Argumentation bezweifeln.
2. Bundesgenossen mobilisieren. Sich von anderen verteidigen lassen.
3. Vorwurf immer wieder wiederholen lassen (»Ich habe Sie nicht verstanden«, »Unsere Zuhörer haben Sie sicher nicht richtig verstanden«) bis hin zur Lächerlichkeit der Gegnerdarstellung.
4. Androhen von Rechtsmitteln (nach §§ 185 ff StGB) ist tunlichst zu unterlassen.

Wenn Sie nicht darauf verzichten wollen oder können (wenn Sie etwa als Bankdirektor der Unterschlagung bezichtigt werden), machen Sie baldmöglichst Namen und Anschriften von Zeugen aus*.

2. Man bestreitet Ihre Kompetenz, Ihren guten Willen oder Ihre Wahrheitsliebe.

Abwehr:

1. Nicht die eigene Kompetenz beweisen wollen (»Ich habe das schließlich studiert«, »Ich habe da große Erfahrung«

* § 186 StGB [Üble Nachrede.] Wer in Beziehung auf einen anderen eine Tatsache behauptet oder verbreitet, welche denselben verächtlich oder in der öffentlichen Meinung herabzuwürdigen geeignet ist, wird, wenn nicht diese Tatsache nachweislich wahr ist, ... bestraft.

§ 187 StGB [Verleumdung] Wer wider besseres Wissen in Beziehung auf einen anderen eine unwahre Tatsache behauptet oder verbreitet, welche denselben verächtlich zu machen oder in der öffentlichen Meinung herabzuwürdigen oder dessen Kredit zu gefährden geeignet ist, wird ... bestraft.

...), sondern antworten: »Nach dem, was Sie bislang gesagt haben, zeigen Sie Ihre mangelnde Fähigkeit, zur Sache zu sprechen.«
»Über unsere Kompetenz steht Ihnen kein Urteil zu, darüber soll das Publikum entscheiden.« (So auch bei Angriffen gegen guten Willen, Wahrheitsliebe ...)
2. Mit einer Sachfrage antworten, die soviel Kompetenzwissen zeigt oder zur Beantwortung voraussetzt, daß der Gegner entweder die Antwort verweigert oder unzutreffend antwortet. Dann auf mangelnde Kompetenz des Gegners verweisen.

3. Ihre Meinung wird in die Nähe zu solchen gerückt, die das Publikum ablehnt.
Man macht Sie zum Kommunisten, Faschisten, Atheisten, Pfaffen, Nazi, reaktionären Kapitalisten, Juso ...
Abwehr:
1. Zeigen Sie hart die Differenzen.
2. Kehren Sie den Angriff um: »Sie benehmen sich hier wie ein ...«.
3. Verweisen Sie darauf, daß Etikettierungen immer dumm sind und die geistige Trägheit des Etikettierenden beweisen oder seine Unwissenheit über die Position, in deren Nähe man Sie gerückt hat.

4. Man stellt Ihnen ungehörige Fragen.
Etwa der Art:
»Wissen Sie, daß Ihre Frau mit Ihnen unglücklich ist?«,
»Wie hoch sind eigentlich Ihre Einkünfte?«,
»Wer bezahlt Sie?«,
»Warum können Sie nicht sozial denken?«,

»Wissen Sie, daß Sie dumm (einfältig, faul, arrogant, asozial, unmoralisch ...) sind?«.

Abwehr:

1. Weisen Sie auf gegenteilige Fakten hin, als die in der Frage unterstellten.
2. Fragen Sie zurück (»Unser Publikum wird sicher interessieren, aufgefallen sein ...« als Einleitung).
3. Sachliche Antwort (sie kann ruhig eine Schutzbehauptung sein).

5. Man verweist darauf, daß Sie früher eine andere Ansicht äußerten.

Abwehr:

1. »*Sie* können mich nicht daran hindern, dazuzulernen.«
2. »Früher, war ich auch einmal Ihrer Ansicht. Aber ich habe eingesehen, daß sie falsch (unhaltbar ...) ist.«
3. »Bleiben Sie ruhig bei Ihrer Meinung, für Sie ist sie gut genug.«

6. Man greift Fehlformulierungen, falsch gebrauchte Fremdworte, falsche Betonungen auf.

»Es muß doch wohl heißen: ...«.

Abwehr:

1. Irrtum zugeben.
2. »Ich habe versucht, mich auf Ihr Verständnisvermögen einzustellen.«

»Ich habe versucht, Ihrer (bescheidenen) Intelligenz Rechnung zu tragen! Seien Sie mir doch dankbar dafür.«

7. Man bedroht Sie.

»Wir werden uns noch einmal begegnen!«, »Wir werden dafür sorgen, daß Ihnen das Maul gestopft wird!«, »Wir werden Sie um Ihren Job bringen!« ...

Abwehr:

1. Überhören.

2. »Versuchen Sie es doch einmal. Sie werden sich wundern.«

3. Androhen von Rechtsmitteln möglichst vermeiden (mitunter aber nicht zu umgehen)*.

8. Man verhöhnt Sie.

Abwehr:

1. Reagieren Sie humorvoll und spöttisch. Wenden Sie sich dabei nie gegen eine vorherrschende Stimmung.

2. Zeigen Sie Verständnis für die schwierige Situation Ihres Gegners, dem offensichtlich keine Sachargumente zur Verfügung stehen, und sagen Sie das.

3. Fragen Sie im Sie-Stil zurück.

4. Lassen Sie den Gegner sich so lange wiederholen, bis sein Spott lächerlich wirkt.

5. Werden Sie betont sachlich und steigern Sie Ihre Ansprüche an das Publikum (heben Sie das Niveau Ihrer Ausführungen an).

9. Man ignoriert Sie, behandelt Sie als Nicht-Person.

1. Zeigen Sie niemals Zeichen von Beleidigung oder Kränkung.

2. Verwenden Sie die Strategien, die im vorigen Kapitel

---

* § 240 StGB [Nötigung] Wer einen anderen rechtswidrig ... durch Drohung mit einem empfindlichen Übel zu einer Handlung, Duldung oder Unterlassung nötigt, wird ... bestraft. Rechtswidrig ist die Tat, wenn die Androhung des Übels zu dem angestrebten Zweck als verwerflich anzusehen ist. Der Versuch ist strafbar.

§ 241 StGB: Wer den anderen mit der Begehung eines Verbrechens bedroht, wird ... bestraft.

(Seite 127 f.) genannt wurden, um wieder ins Spiel zu kommen.

3. Hilft auch das nicht, versuchen Sie einen Verbündeten zu finden, der Sie unmittelbar anfragt.

4. Versuchen Sie keine Methode unfairer Dialektik Ihrerseits (das würde nur die Freude Ihrer Gegner evozieren).

5. Bleibt Ihnen keine andere Wahl, ziehen Sie sich zurück.

10. Man versucht, Sie zu reizen.

Abwehr:

1. Nicht reizen lassen.
2. Betont sachlich und leise sprechend reagieren.
3. Sprechen Sie *lange* und langsam.

11. Man versucht, Sie durch Zwischenrufe zu stören.

Abwehr:

1. Überhören.
2. Geistvoll kurz replizieren.
3. *Notfalls* verwenden Sie Formeln wie (vgl. Anhang):

»Trotz Ihrer lauten Stimme ist keiner an Ihrer Meinung interessiert.«

»Haben Sie sonst noch etwas Gescheites zu sagen?«

»Bemühen Sie Ihr Gehirn und nicht Ihr Mundwerk.«

»Ganz meiner Meinung, ganz meiner Meinung« (spöttelnd).

»Wo sind Sie eigentlich aufgewachsen?« (Anspielung auf »Kinderstube«).

»Sie tun mir leid. Mit schwachen Gegnern messe ich mich nicht.«

»Das ist so eine schöne Redensart, die wir schon oft von Ihnen hörten.«

»Sie waren schon einmal besser, Herr Kollege.«

»Das haben Sie aber mal wieder schön gesagt.« (spöttelnd)

4. Bei sachlichen Zwischenrufen, stets sachlich antworten, wenn Sie nicht überhand nehmen. Sonst verwenden Sie Formeln:

»Darauf komme ich gleich zu sprechen.«

»Haben Sie noch etwas Geduld, dann bekommen Sie Ihre Antwort.«

»Seien Sie nicht voreilig, es kommt noch besser.« (spöttisch)

12. Man versucht, Sie auf Fehler festzulegen.

Etwa auf Unrichtigkeiten, Fehlschlüsse, falsche Zitate, Geschichtsklitterei.

Abwehr:

1. Für die Richtigstellung danken.
2. Behaupten, die Darstellung des Gegners

- berücksichtige nicht den Zusammenhang,
- kenne nicht zureichend die Voraussetzungen,
- beruhe auf einem (gezielten) Mißverständnis ...

13. Man beruft sich gegen Sie auf den »Gesunden Menschenverstand«.

Besonders gefährlich, wenn Vorurteile und Emotionen angesprochen werden.

Abwehr:

1. Darstellung des Gegners als naiv abzutun.
2. Bezweifeln Sie seine Fähigkeit, sich von Vorurteilen abzulösen.
3. »Das Neue ist nicht immer falsch.«

»Daran haben *Sie* wohl noch nie gedacht.« (Unterton: Wie kann man nur so dumm, naiv ... sein)

»Ihr Menschenverstand scheint mir nicht sonderlich gesund zu sein.«

II. Man versucht, Sie abzulenken oder zu verwirren.

Diese unfairen Strategien sind weniger gefährlich. Es genügt i. a. sie zu erkennen **(setzt Kennen voraus!).**

1. Man benutzt einen Ihnen nicht geläufigen Jargon.

Ziel: Sie sollen, weil Sie nicht die »Fachsprache« beherrschen, disqualifiziert und durch Falschverstehen aufs Glatteis geführt werden.

Abwehr:

1. Übersetzung in normale Sprache verlangen, damit das *Publikum* etwas versteht.
2. Vom unverständlichen Sprechen auf Nicht-Verstanden-Haben schließen. »Wer seine Sache beherrscht, kann sie auch allgemein verständlich darlegen.«
3. Selbst eine Jargonaussage in Klartext übersetzen. »Der Herr X hat damit gemeint: ...«. Das bringt Sympathie beim Publikum ein.

2. Man erfindet »wissenschaftliche Fakten«, beruft sich auf erfundene Autoritäten oder konstruiert »statistische Erhebungen«.

Abwehr:

1. Details (Namen, Verfasser, Verlage, Präzisionen ...) bis in Einzelheiten anfordern. Nach einiger Zeit erneut die gleichen Details abfragen oder die Details leicht verändert darstellen. Zumeist wird der Gegner die Details modifiziert darstellen oder Ihre (veränderte) Darstellung akzeptieren. Sofort auf seine Unglaubwürdigkeit verweisen!

2. Offensichtliche Fehlinformationen aufweisen. Die Leichtgläubigkeit (Autoritätsgläubigkeit) des Partners anprangern.

3. Man beruft sich (zu Unrecht) auf bekannte und anerkannte Autoritäten.

Abwehr:

1. Lassen Sie sich die Quelle *genau* nennen und prüfen Sie nach.
2. Lassen Sie sich die Quelle vorlegen. Wenn der Gegner das nicht kann: »Sie sollten sich gründlicher auf Ihre Beiträge vorbereiten.«
3. Inkongruenz mit anderen Aussagen der Autorität aufweisen.
4. Autoritätsbeweise ablehnen.
5. Verdunkelungs-, Ablenkungs-, Täuschungsabsicht aufweisen.

4. Man beweist mit Bildern, Vergleichen, Beispielen, indem man sie verallgemeinert.

1. Auf die wissenschaftstheoretische Unzulänglichkeit hinweisen (Beispiele beweisen nie etwas, sondern erläutern allenfalls oder widerlegen).
2. Gegenbeispiele bringen.
3. Andere Schlüsse aus dem vorgelegten Material ziehen.
4. Alle Beispiele hinken. Diesen Aspekt herausstellen.
5. Weisen Sie das Beispiel als untypisch zurück.
6. Lassen Sie sich nicht auf das Erörtern von Vergleichen ein:

»Sie reden von Vergleichen, in Wirklichkeit aber verbinden Sie zwei ganz verschiedene Dinge miteinander.«

»Es geht hier nicht um Vergleiche, sondern um die Sache.«

5. Man übersteigert Ihre Aussage und macht sie so unglaubwürdig.

Abwehr:

1. Lassen Sie sich nicht verblüffen.
2. »Extreme sind immer falsch. Die Wahrheit liegt in der Mitte.«
»Ich habe mich auf den Normalfall bezogen, und der ist in 99 Prozent der Fälle gegeben.«
3. »Ihre Übertreibung ist total praxisfremd. Lernen Sie erst einmal die Praxis kennen.«
3. Notieren Sie sich ostentativ die Gegnermeinung. Er wird im Regelfall, wenn Sie ihn um eine Wiederholung bitten, sehr viel vorsichtiger formulieren.
Eröffnen Sie etwa mit der Bemerkung: »Ihre Antwort ist so kurios, die muß ich mir einmal notieren.«
4. Fassen Sie dann noch einmal Ihre Meinung mit *Angabe des Geltungsbereiches* kurz zusammen.

6. Man hält an überhöhten Forderungen konsequent fest.

Abwehr:

1. Da der Gegner Sie mürbe machen will, sind sachliche Auseinandersetzungen zwecklos.
2. Spielen Sie das Spiel mit, bis der Gegner mürbe wird (zeigen Sie, daß Sie Zeit haben).
3. Verweisen Sie darauf, daß er nur ein taktisches Spiel spielt und so weder Sie und andere überzeugen kann.
4. Ein direktes »Nein« vermeiden. Stellen Sie wiederholte Warum-Fragen.

5. Deuten Sie einen Abbruch des Gesprächs an.

6. Hilft das alles nichts, antworten Sie mit einem *abschließenden* »Nein«.

7. Man stellt »unechte Forderungen«.

Ziel: Durch Vermehrung der Diskussionspunkte vom Wesentlichen ablenken, Verneinung provozieren, um Sie zum ewigen Neinsager zu machen und damit in wesentlichen Punkten ein »Ja« zu erzwingen.

Abwehr:

1. Mit eigenen unechten Forderungen replizieren oder eine noch weitergehende Forderung stellen.

2. »Über diese Fragen müssen wir ein anderes Mal sprechen.«
»Bleiben Sie doch bei der Sache!«.

3. Fragen, fragen, fragen.

4. Vermeiden Sie ein ausgesprochenes »Nein« als Antwort auf unechte Forderungen, es sei denn, Sie wollen das Gespräch, die Diskussion beenden.

8. Man baut »unechte Alternativen« auf.

Ziel: Sie zur Anerkennung der vom Gegner gewünschten zu zwingen.

Abwehr:

1. Fragen Sie sich, ob es nicht noch weitere gibt, finden Sie welche, nennen Sie sie.

2. Da diese Methode voraussetzt, daß Sie noch keine zureichend begründete Meinung zur Sache zu haben, bilden Sie sich stets eine vor Beginn einer Diskussion.

3. Prüfen Sie, ob die zurückgewiesene Alternative wirklich

so unbrauchbar (falsch, schlecht ...) ist, wie der Gegner behauptet.

9. Man stellt Ihnen »unterstellende Fragen«.

Unterstellend sind Fragen, die entweder

- Voraussetzungen implizieren (»Wann haben Sie Ihre Frau das letzte Mal geschlagen?«) oder
- Worte wie »doch«, »sicher«, »auch« enthalten (»Sie haben doch sicher schon gehört, daß ...«, »Sie sind doch auch der Meinung, daß ...«, »Sicher ist Ihnen bekannt, daß ...«). [Suggestivfragen]

Solche Fragen sind gefährlich, weil

- sie ein »Ja« (oder »Nein«) abverlangen, mit dem jedoch etwas bestätigt wird, was gar nicht bestätigt sein will.
- Die menschliche Trägheit sich nicht gerne die Mühe macht, die Frage auf ihre Voraussetzungen und suggestiven Implikate zu prüfen.

Ähnlich gefährlich können »Negative Fragen« sein (»Sie sind doch nicht der Meinung, daß ...«, »Sie behaupten doch nicht etwa ...« ...).

Hier müssen Sie genau darauf achten, was Ihr »Ja« oder »Nein« bedeutet.

Abwehr:

1. Prüfen Sie genau die stillschweigenden Voraussetzungen der Frage. Treffen Sie nicht zu, beantworten Sie nicht die Frage, sondern die implizite Behauptung (»Ich schlage meine Frau nie«).
2. Will man Ihnen eine Antwort suggerieren, fallen Sie nicht darauf herein und antworten Sie wahrheitsgemäß (»Sie haben doch sicher gehört, daß ...« — »Nein«). Sug-

gestivfragen dieses Typs wollen in der Regel ein »Ja« evozieren.

3. Alle Typen unterstellender Fragen sind zur Abwehr unfairer Angriffe gut geeignet.

10. Man stellt glaubhaft erscheinende Behauptungen auf, ohne Sie zu begründen.

Abwehr:

1. Lassen Sie sich nicht darauf ein, solche Behauptungen zu widerlegen.
2. Fordern Sie Gründe ein (auch wenn die Behauptung noch so richtig zu sein scheint).
3. Lassen Sie sich nicht auf den »gesunden Menschenverstand« festlegen.
4. Werden Sie betont sachlich.

11. Man stimmt Ihnen bloß rhetorisch zu.

Etwa: »Sie berühren hier ein wichtiges Problem. Ich danke Ihnen. Gerade jetzt ist es wichtig, daß ...«, »Ich danke Ihnen für den Beitrag, der genau das bestätigt, um was es mir geht. Sie sehen, meine Herrn, es kommt darauf an, daß ...« ...

Abwehr:

1. Schwierig. Lassen Sie sich nicht einlullen.
2. Verweisen Sie noch einmal klar auf die Differenzen.
3. Die rhetorische Zustimmung kann eine gute Abwehr unfairer Angriffe sein.

12. Man faßt das Diskussionsergebnis für Sie ungünstig zusammen.

Abwehr:

1. Ist die Diskussion am Ende, müssen Sie sich solche Zusammenfassungen vor allem des Leiters gefallen lassen. Fal-

len Sie ihm nicht ins Wort, sondern zeigen Sie in Mimik und Gestik, daß Sie nicht einverstanden sind.

2. Während der Diskussion melden Sie sich bei solcher Zusammenfassung sogleich zu Wort und korrigieren Sie.

3. Seien Sie besonders kritisch, wenn ein Gegner in Ihrem Namen spricht und Ihnen Recht gibt.

4. Achten Sie genau auf Entstellungen, Auslassungen und Weiterungen.

III. Man verschleppt oder vertuscht, um Sie in Ihrer Überzeugungskraft zu schwächen.

1. Unter dem Vorwand des Gefälligseins wechselt man das Thema.

Oft werden Formeln verwandt wie:

»Da sind Sie doch weniger kompetent, wenden wir uns also einem anderen Thema zu.«

»Hier wissen Sie nicht recht weiter, wechseln wir doch das Thema.«

Zumeist jedoch bringt man Sie in eine psychische Verfassung, die den Themenwechsel Ihnen gelegen sein läßt.

Abwehr:

1. Lassen Sie sich nicht einlullen.
2. Antworten Sie etwa so:

»Ihnen fällt es offenbar schwer, beim Thema zu bleiben.«,

»Das Thema ist Ihnen offenbar unbequem.«,

»Geben Sie doch zu, daß Sie unterlegen sind, warum also das Gerede?«,

»Ich möchte beim Thema bleiben, selbst wenn es Ihnen unbequem ist«.

2. Ihre Gegner verschleppen die Diskussion.

Die meist angewandten Strategien sind:

- Nebensächliche Themen werden ausladend behandelt.
- Endlos wird über Begriffsbestimmungen debattiert.
- Der Gegner hält mit seiner Meinung zurück.

Abwehr:

1. Nicht nervös werden. Keine Ungeduld zeigen. Eher Langeweile.
2. Fragen zum Hauptthema stellen.
3. Definitionen anbieten und durchzusetzen versuchen (dabei sind relativ vage Definitionen am geeignetsten).
4. Die Taktik der Gegner offenlegen.
5. Einen Bundesgenossen finden, mit dem Sie im Frage-Antwort-Spiel die Diskussion wieder in gewünschte Bahnen lenken können.
6. Sich nicht mit dezidierten Ansichten zur Sache prostituieren.
7. Langatmig reden, bis die Gegner ungeduldig werden.

3. Ihre Gegner vertuschen ihre Ansicht.

Abwehr:

1. Fragen Sie.
2. Seien Sie kritisch. Das Hervorheben von Gemeinsamkeiten in Kleinigkeiten soll zumeist Differenzen im Wesentlichen vertuschen. Stellen Sie also Differenzen heraus.
3. Formulieren Sie Ihre Meinung provokatorisch.
4. Legen Sie die Taktik offen:

»Sie haben offenbar keine Meinung zur Sache.«,
»Ihre Gründe scheinen so schwach zu sein, daß Sie Ihre Meinung nicht zu äußern wagen.« . . .

4. Ihre Gegner spielen auf Zeitgewinn.

Abwehr:

1. Keine Ungeduld zeigen, eher Langeweile.
2. Versuchen Sie, das Tempo durch (provozierende) Fragen zu steigern.
3. Spielen Sie den Ermüdeten und Kompromißwilligen. Dann kommt der Gegner schon in Fahrt.
4. Verspielen Sie Ihre Argumente nicht in der Zeitgewinnphase.
5. Stellen Sie Anträge zur Geschäftsordnung (Vertagung, Übergang zum nächsten TOP ...). Ihre Gegner werden schon wach werden.

5. Ihre Gegner spielen auf naiv.

Abwehr:

1. Schwierig, wenn eine anerkannte Autorität auf Ihr Statement sagt: »Das habe ich nicht verstanden.« Lassen Sie sich nicht auf zusätzliche Erläuterungen ein, sondern versuchen Sie durch Körpersprache auszudrücken: »Daran kann ich nichts ändern.«
2. Seien Sie auf der Hut, wenn Fragen gestellt werden derart:

»Ich habe nicht ganz verstanden, können Sie das noch einmal erläutern?«,

»Das war für mich zu hoch, können Sie das nicht einfacher sagen?«.

Im Regelfall sollten Sie sich nicht auf die Forderung einlassen. Ist die Naivität offensichtlich gespielt, können Sie entgegnen: »Ich habe schon einiges Fachwissen bei Ihnen

vorausgesetzt.« (Unterton: Sollte ich mich da getäuscht haben?)
»Schauen Sie doch einmal in moderne Fachliteratur, dann wird Ihnen das Gesagte schon verständlich werden!«
3. Evozieren Sie die Darstellung der Gegnerposition durch Fragen.

6. Man läßt Sie sich wiederholen.
Abwehr:
1. Verweigern Sie die Wiederholung, sondern bringen Sie Neues.
2. Verwenden Sie Formeln (vorsichtig!):
»Passen Sie doch besser auf.«,
»Stellen Sie sich nicht (noch) dümmer als Sie sind.«,
»Sie langweilen doch nur unsere Zuhörer!«.

7. Man bezieht Sachfragen auf eine wertende Ebene.
So erreicht man Sympathie, erweckt den Eindruck charakterlicher Integrität und wird kaum angreifbar.
Abwehr:
1. Höhere Wertansprüche stellen als Ihr Gegner.
2. Die Wertbasis des Gegners als unzureichend abweisen.
3. Bei wertbesetzten Schlagworten (Abendland, Christentum, sozialer Rechtsstaat ...) Definitionen einfordern und ihre Schwäche durch eine bessere darlegen.
4. Niemals Gefühle Unbeteiligter verletzen.

IV. Bemerkungen zur Auseinandersetzung mit Marxisten.

Vorbemerkung: Marxisten sind oft dialektisch gut geschulte Gegner. Sie werden eine antimarxistische Position nur behaupten können, wenn Sie:

1. den Marxismus *gut* kennen,
2. Ihre eigene Position kritisch durchdacht und auf die Qualität ihrer Begründungen geprüft haben (*nichts* für selbstverständlich richtig halten!).

Es gilt, zwei Situationen zu unterscheiden:

1. man will mit Ihnen sprechen,
2. man will nicht mit Ihnen sprechen, sondern Sie stören.

Situation 1:

Man will mit Ihnen sprechen:

1. Bereiten Sie sich gründlich vor.

Suchen Sie die marxistische Terminologie perfekt zu beherrschen. Das ist nur möglich, wenn Sie sie einüben (in Übungsdiskussionen ...). Vermeiden Sie Debatten über Definitionen. Sie ermüden, bringen nichts ein und sind oft vom Gegner gewünscht (Verschleppungstaktik).

Gehen Sie entspannt und ausgeruht in solche Debatten.

Debatten dieses Typs dauern oft — ohne Unterbrechung — viele Stunden. Wenn Sie ermüden, sind Sie kaum in der Lage

- dialektische Kunstgriffe zu bemerken und abzuwehren,
- Ihre emotionale Stimmung unter Kontrolle zu halten,
- standfest zu bleiben,
- inhaltlich und formell qualifizierte Beiträge zu liefern.

2. Lassen Sie sich nicht einlullen.

Suchen Sie in den oft langen Reden die schwachen Punkte herauszufinden und machen Sie sich Notizen.

Fallen Sie nicht darauf herein, daß durch eine Fülle von Beispielen ein Beweis versucht wird.

Verweisen Sie nicht auf Widersprüche. Der Marxismus hält Widersprüche im kapitalistischen System für gegeben und in eigenem Modell für den Motor der Entwicklung. Sie müßten also entweder wissenschaftstheoretisch nachweisen, daß Widersprüche nicht der Evolution dienen oder daß faktisch das kapitalistische System widerspruchsfrei ist **(beides ist nicht einfach und setzt ausgezeichnete wissenschaftstheoretische Schulung und ökonomische Kenntnisse voraus.)**

Denken Sie daran, daß viele Begriffe anders verstanden werden als in der Ihnen geläufigen Sprache (Kommunismus, Sozialismus, Freiheit, Demokratie, Profit, Eigentum, Gerechtigkeit, Proletariat, Klasse, Arbeit, Solidarität, Gesetz, Materialismus, Idealismus, Realität, Sein, Geld, Kapital, Ideologie ...). Fragen Sie gegebenenfalls Definitionen ab.

Beachten Sie, daß ein Marxist jedes Gespräch als Kampfgespräch versteht.

Vermeiden Sie Angriffe gegen persönliche Überzeugungen Ihrer Partner, denn Sie sind wegen eines gewissen »Messianismus« der Partner zwecklos. Einen überzeugten Marxisten kann man als Nicht-Marxist nicht überzeugen oder belehren.

Greifen Sie das objektive System an.

Lassen Sie sich nicht auf Kompromisse ein, denn es handelt sich zumeist um reine Verbalkompromisse, die dann als Sachkompromisse von der Gegenseite ausgewertet werden.

Situation 2:

Man will nicht mit Ihnen sprechen.

1. Reagieren Sie richtig auf Zwischenrufe.

Punktuelle und vereinzelte Zwischenrufe fangen Sie ab:

- durch geistvolle Entgegnungen,
- durch vorbereitete Sterotype:

»Von Ihnen habe ich auch gar nichts anderes erwartet«,
»Die Dinge liegen sehr viel tiefer, als Sie sie sehen«,
»Warten Sie doch nur ab! Dazu werde ich Ihnen noch etwas sagen« (Unterton: Sie werden sich noch wundern!),
»Von Ihnen habe ich schon Geistvolleres gehört«,
»Von Ihnen hätte ich etwas mehr Geist erwartet«,
»Dazu habe ich schon Besseres gehört — aber nicht von Ihnen« ...

— durch Überhören.

Dauernde Zwischenrufe fangen Sie ab:

- durch Überhören (meist bleiben Sie nach einer Viertelstunde aus).
- Brechen Sie Ihren Beitrag ab (Vorsicht: Das ist das Ziel Ihrer Gegner), solange Sie noch keine Zeichen von Ungeduld, Unwillen, Niedergeschlagenheit, Verzweiflung zeigen (d. h. solange Sie sich noch emotional in der Gewalt haben).

2. Reagieren Sie richtig auf Ablenkungsversuche.

Ist die störende Gruppe relativ klein:

- fragen Sie unmittelbar einen Ihnen gewogenen Teilnehmer zur Sache an (die Frage muß kurz sein, möglichst eine Frage sein, die »in der Luft« liegt, vom Angefragten sicher und zutreffend beantwortet werden kann),
- lassen Sie über das zu besprechende Thema abstimmen.

Ist die störende Gruppe groß:

- versuchen Sie einen Keil zwischen den Störer und seine Sympathisanten zu treiben **(Vorsicht! sehr schwer; muß lange geübt werden!).**

Am besten verweisen Sie auf innermarxistische Differenzen, wenn Partner verschiedener marxistischer »Sekten« anwesend sind. Vermeiden Sie jedoch in diesem Fall, Ihren Gegner lächerlich zu machen (hat starken Solidarisierungseffekt!)

- Betonen Sie die Bedeutung Ihres Beitrages für die ideologische Diskussion. Dabei können Sie zunächst einmal mit einer positiven Darstellung der Gegenposition beginnen **(setzt sehr genaue Kenntnis der Gegenpositionen voraus).**

Hilft alles nichts: Akzeptieren Sie die Ablenkung, Störung, und ändern Sie Ihr Thema (das ist im allgemeinen besser als abzubrechen). Zeigen Sie niemals Ärger, Unmut, Unwillen . . .

Wichtige Lektüre zur marxistischen Position, die Sie **unbedingt durcharbeiten** (nicht nur zur Kenntnis nehmen) sollten:

Karl Marx, Pariser Manuskripte (Texte zu Methode und Praxis II, RK 209/210) Das Kapital I, 1., 5., 6., 22. Kapitel (Marx-Engels-Werke Bd. 23), III, 2., 3., 13.—15. Kapitel (Marx-Engels-Werke, Bd. 25), Grundrisse der Kritik politischer Ökonomie (Auszüge der wichtigsten Passagen in: Texte zur Methode und Praxis III, RK 218/219).
E. Mandel, Der Spätkapitalismus (es 521),
R. Lay, Marxismus für Manager, München 1975

III Dialektische Fähigkeiten

Nun ist es mit dem noch so perfekten Befolgen der Regeln fairer und unfairer Dialektik keineswegs getan, denn Dialektik ist eine Kunst, nicht bloße Technik. Um zu überzeugen, müssen Sie eine Reihe von menschlichen, intellektuellen, emotionalen ... Fähigkeiten besitzen, die wir im folgenden vorstellen.

Diese Fähigkeiten sind bei fast allen Menschen angelegt, aber nicht immer voll entwickelt. Es gilt sie also zu entfalten. Das aber kann nur durch dauerndes kontrolliertes Üben geschehen.

Damit Sie die Möglichkeit haben, sich leichter zu kontrollieren, ist diesem Kapitel ein Fragebogen angehängt. Sie sollten die 3 oder 4 für Sie wichtigsten Punkte herausgreifen und sie speziell trainieren. Der Fragebogen ist so gestaltet, daß Sie ihn leicht kopieren können. Lesen Sie sich ihn vor jeder wichtigeren Diskussion, Debatte, Verhandlung ... durch, damit Sie wieder auf Ihre erheblichsten Mängel aufmerksam werden, um sie zu vermeiden. Füllen Sie nach der Veranstaltung den Bogen aus (oder Ihr Exzerpt).

Vertrauen Sie niemals darauf, daß Sie schon »von selbst« alles richtig machen. Ihre Fehler fallen Ihnen vielleicht nicht mehr auf, weil Sie und Ihre Umgebung sich daran gewöhnt haben. Sie bleiben dennoch Fehler (und keine liebenswürdigen Schwächen). In *ungewohnter* Umgebung werden Sie versagen, wenn Sie nicht um die Gefahr wissen, Fehler (und welche Fehler) zu machen. Nur durch permanente Selbstkontrolle können Sie sie verringern und endlich vermeiden. Für die Selbsterziehung gilt:

Vertrauen ist gut — Kontrolle ist besser!

Folgende Eigenschaften und Fähigkeiten sollten Sie (kontrollierend) trainieren:

1. Analytisches Denkvermögen.

Straffe Gliederung der Darstellung.

Kohärenz der Darstellung.

Analyse des Problems.

Analyse der Gegnerposition (setzt genaues Zuhören voraus).

Saubere Begriffunterscheidungen.

Gekonnte Definitionen.

Gezielte Fragen zum rechten Zeitpunkt [das gilt sowohl für Informationsfragen (der Befragte weiß) als auch für dialektische Fragen (der Fragende weiß)].

2. Logisches Denkvermögen.

Behauptungen bewiesen oder begründet.

Begründungsstärke fremder Behauptungen erkannt.

Logisch einwandfreie Beweise.

Fehlschlüsse anderer erkannt.

Notwendige und zureichende Bedingungen unterschieden.

Verwischung der Bedingungstypen bei anderen erkannt.

Begründungen klar von Behauptungen abgesetzt.

Begründungen klar von Folgen abgesetzt.

Behauptungen nicht mit Tatsachen verwechselt.

Mit Beispielen nichts zu beweisen versucht [nur bei unfairer Dialektik legitim].

3. Anpassungsfähigkeit.

Einfühlen in die emotionale Situation des Partners oder Gegners.

Erkennen falschen Gehabens bei anderen (»Theaterspielen«).
Eingehen auf Gegnerargumente.
Schnelles Umschalten in neuen Situationen.
Herausfinden der gegnerischen Stärken und Schwächen.
Fähigkeit zum Teamwork (vor allem bei Debatten).
Schnelles Reagieren auf Fremdemotionen (abzulesen am Ausdruck).
Fähigkeit zum Zuhören.
Überzeugte Übernahme der Rolle eines »Advocatus diaboli«.

Meist ist es leichter, die Gegenposition zu vertreten, weil man die eigene für zu selbstverständlich richtig hält.
Droht in einer Sach- oder Strategiediskussion ein zu früher und zu schneller Konsens zustande zu kommen, müssen Sie damit rechnen, daß »Betriebsblindheit« vorliegt.
Übernehmen Sie selbst die (fiktive) Gegnerposition, indem Sie alle Gründe zur Diskussion stellen, die gegen den Beschluß sprechen, über den man sich einig ist. Noch besser: Sie bestimmen kritische Mitarbeiter für diese Rolle (zureichend lange vor der Diskussion, damit gründliche Vorbereitung möglich ist). Das hat folgende Vorteile:
— Sie setzen destruktive Kritik konstruktiv ein,
— Sie integrieren den kritischen Mitarbeiter ins Team,
— Sie evozieren kreatives Denken.

4. Kontaktfähigkeit.
Freundlich, aufgeschlossen, optimistisch wirken.
Emotionen zeigen *können* (wenn Sie es für richtig halten).
Kollegiales Verhalten (weder Dominanz- noch Kumpelverhalten).
Solidarisierungsfähigkeit (weder Starrsinn, noch Egoismus).

Eingehen der Partner auf Ihre Ansichten, Meinungen, Thesen ...
Solidarisierung mit Ihnen im Diskussionsverlauf.

5. Auftreten

Sicher (aber nicht arrogant oder devot).
Aufrecht im Gehen und Stehen (weder fallende noch zurückgezogene Schultern).
Aufrecht im Sitzen (ruhig, nicht verkrümmt, keine ruckartigen Bewegungen).
Ruhig im Blick (weder anstarren noch fahrig hin und her schauen).
Keine fahrigen Bewegungen (vor allem nicht zu Mund und Nase).
Entspannte Muskulatur (vor allem der Schultern und des Gesichts).
Kein Kreuzen der Arme.
Kein Falten der Hände.
Kein zerstreutes Spielen mit Fingern oder Gegenständen.
Kein Verschlingen der Beine.

6. Initiative

Anregung zu Gesprächen, Diskussionen, Debatten, Reden.
Rückführung zum Thema.
Einbringen neuer Gesichtspunkte.
Klare und kurze W-Fragen.
Lösungsvorschläge einbringen.
Aktive Teilnahme (nicht zu viele und nicht zu seltene Wortmeldungen).
Mut zur Meinung.

7. Aggressivität.

Beherrschen unfairer Methoden in Angriff und Abwehr.
Engagement.
Einsatz produktiver Emotionalität.
Vermeiden, sich Feinde zu schaffen.
Haltung des Spielens bewahren.
Aktive Toleranz (nicht passive Toleranz = Gleichgültigkeit), Geduld.

8. Kreativität.

Einbringen »ungewöhnlicher« Gesichtspunkte.
Anschauliche Beispiele, Vergleiche und Bilder (nicht abgegriffene!).
Auffinden von Gemeinsamkeiten.

9. Streßstabilität.

Nutzen von Pausen zu Bewegungsübungen.
Fähigkeit zu schneller Entspannung.
Fähigkeit, schnell negative Emotionen (Verstimmung, Zorn, Ungeduld, Neid, Ablehnung, negative Aggressivität, Mißgunst, Ärger . . .) abzubauen.
Zureichend schlafen.
Optimistisch stimmen.
Diskussionsfrische.
Schwerverletzlichkeit.
Emotionskontrolle.
Geduld.

10. Überzeugungskraft.

»Starke Persönlichkeit«.
Starke Argumente.
Sorgfältige Vorbereitung.

Sichere Stimme (aber nicht apodiktisch, laut, schrill . . .).
Beherrschen der Distanzregeln.
Blickkontakt.
Sympathiefeld aufbauen können.

Fragen Sie sich, ob und warum Sie Partner überzeugt haben.

11. Beharrlichkeit.
Festhalten an eigener Meinung (aber nicht *gegen* bessere Gründe).
Rückführung zum Thema (wesentlichen Aspekten des Themas).
Nicht überreden lassen (wohl aber durch *Gründe* überzeugen lassen).
Nicht ablenken lassen.
Nicht unter Zeitdruck stellen lassen.

12. Entscheidungsfreude.
Klar und prägnant sprechen.
Klar (am Schluß) für eine Ansicht . . . entscheiden.
Als richtig Erkanntes in die Tat umsetzen.
Wichtiges vom Unwichtigen scheiden.

13. Konzentrationsfähigkeit.
Niemals abgeschaltet.
Zureichend Vorhergesagtes berücksichtigen.
Kurz und diszipliniert sprechen.
Keine Wiederholungen.
Nichts sagen, als zuvor geplant.
Nicht geschwätzig oder weitschweifig.

Diese Eigenschaften sollten Sie trainieren.
Wer sie beherrscht, überzeugt!

Die Hinweise unter den Hauptpunkten sind selektiv. Sie sollten sich die auswählen, die Ihnen am wichtigsten erscheinen. Sie sollten sich ergänzen, wenn Ihre Fehler oder Schwächen sich anders ausdrücken.

Testbogen

1. Tragen Sie hinter a., b., c. die Aspekte ein, die Ihnen am wichtigsten zu sein scheinen oder die Ihnen die größten Schwierigkeiten machen. Eine Anregung dazu mögen Ihnen die vorigen Seiten gegeben haben.
2. Bewerten Sie sich regelmäßig selbst. (Empfehlenswert ist auch eine Kontrolle Ihrer Wertung durch einen Partner Ihres Vertrauens.)
3. Die erste Spalte sollten Sie ankreuzen, wenn Sie der Ansicht sind, Ihre Fähigkeiten seien »Sehr gut«. Für die weiteren Spalten gelten:
   2. gut
   3. durchschnittlich
   4. mangelhaft
   5. ungenügend
   6. besser als der Durchschnitt der Diskussionsteilnehmer
   7. verbessert gegenüber letztem Test
   8. in Zukunft besonders zu beachten.
   9. Punkt nicht beachtet

1. Analytisches Denkvermögen.

	1	2	3	4	5	6	7	8	9
a.									
b.									
c.									

2. Logisches Denkvermögen.

a.									
b.									
c.									

3. Anpassungsfähigkeit.

a. ....
b. ....
c. ....

1	2	3	4	5	6	7	8	9

4. Kontaktfähigkeit.

a. ....
b. ....
c. ....

5. Auftreten.

a. ....
b. ....
c. ....

6. Aggressivität.

a. ....
b. ....
c. ....

7. Initiative.

a. ....
b. ....
c. ....

8. Kreativität.

a. ....
b. ....
c. ....

9. Streßstabilität.

a. ....
b. ....
c. ....

10. Überzeugungsvermögen.

a. ....
b. ....
c. ....

11. Beharrlichkeit.

a. . . . .
b. . . . .
c. . . . .

1	2	3	4	5	6	7	8	9

12. Entscheidungsfreude.

a. . . . .
b. . . . .
c. . . . .

13. Konzentrationsfähigkeit.

a. . . . .
b. . . . .
c. . . . .

14. . . . .

a. . . . .
b. . . . .
c. . . . .

Spezielle Dialektik

Dialektik geschieht in sprachlicher und nichtsprachlicher Kommunikation. Ihr Ziel ist, zu überzeugen.
Die wichtigsten Situationen, in denen Sie überzeugen müssen:

Gespräch	(es geht um den Partner)
Diskussion	(es geht um die Sache)
Debatte	(es geht um den Sieg)
Interview	(es geht um Sie)
Rede	(es geht ums Überzeugen)

Für diese fünf wichtigsten **dialektischen Situationen** seien im Folgenden *einige* spezielle Hinweise gegeben.

I Das Gespräch

Es sind zu unterscheiden:

1. Sachorientierte Gespräche. Sie dienen dem Informationsaustausch, der Verhandlung (Verträge, Kauf-Verkauf ...), dem Geben und Nehmen von Weisungen, dem Erfragen von Daten, Erlaubnissen ...
2. Personenorientierte Gespräche. Sie dienen dem Kennenlernen, der Kontaktvergewisserung.
3. Konfliktgespräche. Sie haben die Funktion, Konflikte zwischen Personen oder Gruppen zu erkennen, ihre objektiven Gründe auszumachen und — soweit als möglich — den Konflikt zu beheben.

Die Gesprächstypen sind nicht immer genau voneinander zu trennen, dennoch ist es wünschenswert, daß sich alle Beteiligten über den hauptsächlichen Charakter des Gesprächs einig sind.

Die folgenden Regeln sind für die beiden ersten Gesprächstypen allgemein gültig — für den dritten Typ müssen noch einige Regeln angefügt und einige der für die anderen Gesprächstypen geltenden sinnvoll modifiziert werden.

Dabei verzichten wir auf die Darlegung von Regeln, die für jede Form der dialektischen Interaktion gelten und schon im Vorhergehenden ausführlich dargelegt wurden.

Ein Gespräch hat drei Phasen:

Eröffnung Durchführung Schluß

Regeln

I. Zur Eröffnung

1. Bereiten Sie sich gründlich vor.
Wenn Sie nicht wissen, mit wem Sie sprechen, was Sie wollen, zu was sie motivieren wollen ... werden Sie kaum überzeugen.

2. Prüfen Sie unauffällig Ihren Partner.
Aus Haltung, Gang, Mimik, Dynamik, Begrüßungsform können Sie schließen, ob sich der Partner als gleichberechtigt, untergeben oder als dominant (»Respektsperson«) versteht und behandelt wissen will.
Gehen Sie in der *Eröffnungsphase* auf diesen Wunsch ein. Vermeiden Sie »Kumpelverhalten« (außer bei sehr guten Freunden, die solches erwarten).
Reagieren Sie auf »Kumpelverhalten« des Partners gegebenenfalls reserviert und kühl.
In diesem Augenblick entscheidet Ihr Verhalten oft genug über die Rollenverteilung (Dominanz ...) während des ganzen Gesprächs.

3. Begrüßen Sie durch Handschlag und — wenn möglich — **mit Namensnennung.**
Namensnennung schafft Vertrauen.
Sind Sie einander unbekannt, stellen Sie sich als erster durch *Namensnennung* vor.
Bei der Vorstellung des Partners merken Sie sich den Namen *genau*. Reagieren Sie nicht mit Floskeln: »*Sehr angenehm*« ..., sondern eher: »Ich freue mich, Sie kennen zu lernen« ...

*Handschlag*verweigerung gilt in Deutschland als unhöflich. Handschlag sollte nur unterbleiben, wenn

- Partner unangebrachtes »Kumpelverhalten« zeigt,
- Sie mit Absicht Distanz aufbauen wollen,
- wenn ein »Vorgesetzter« keinen Handschlag anbietet.

Blicken (nicht starren!) Sie Ihrem Partner bei der Begrüßung in die Augen.

Verringern Sie nicht ohne Grund die 80 cm-Distanz.

Verneigen (leicht, nicht devot!) ist angebracht, wenn der Partner aggressionsgestimmt ist.

4. Vermeiden Sie Schreibtischdistanz.

Für *persönliche Gespräche«* ist die günstige Distanz 80 bis 150 cm.

Für *»sachliche Gespräche«* ist die günstigste Distanz 1 bis 3 m.

Für *»Vorgesetztengespräche«* wählen Sie als günstigste Distanz 2–4 m. Nur in solchen Gesprächen können Sie die Gegenüberform (Schreibtisch dazwischen) wählen. Setzen Sie sich in allen anderen Fällen nicht gegenüber, sondern wählen Sie einen Winkel zwischen 90° und 150°.

Je nach Gesprächstyp wählen Sie eine Schreibtischecke, ein kleines Tischchen ... als Dazwischen (wenn Sie oder der Partner sich Notizen machen wollen).

Bei persönlichen Gesprächen können Sie darauf verzichten. Nur bei Verhören und Vorgesetztengesprächen sollten Sie u. U. Ihren Partner so plazieren, daß sein Gesicht beleuchtet ist, während Ihres weniger klar erkennbar ist.

Lassen Sie sich den Partner als ersten setzen.

5. Überlegen Sie sich zuvor, ob Sie den Partner das Gespräch eröffnen lassen wollen.

Oft ist es angebracht, dem Partner die Gespächseröffnung zu überlassen. Aus Form und Inhalt können Sie so besser erkennen, was er will (das spart Zeit und vermeidet Mißverständnisse).

Eröffnen Sie selbst, sollten Sie nicht gleich zur Sache kommen, sondern ein bis zwei Minuten über unverfängliche Dinge reden (Familie, Hobbies, Urlaub, Wetter, Gesundheit . . .). Das nimmt dem Partner Befangenheit, macht ihn offener und trägt Ihnen Sympathien ein.

Vor allem, wenn Sie merken, daß Ihr Partner befangen, verschüchtert, niedergeschlagen ist, sollten Sie diese Eröffnung wählen.

Suchen Sie also gleich zu Beginn ein Sympathiefeld aufzubauen. Überlegen Sie sich zuvor genau, wie Sie dies bei d i e s e m Partner am geeignetsten machen.

6. Entspannen Sie sich vor dem Gespräch.

Nur wenn Sie entspannt und locker sind (und bleiben), wird ein »gutes Gespräch« möglich werden.

Stellen Sie bei Ihrem Partner Spannungen fest, versuchen Sie die Atmosphäre zu entspannen (Humor, gemeinsame Interessen herausstellen, Loben, angenehme persönliche Fragen stellen . . .). Ein verkrampfter Partner ist ein schlechter Partner (Sie können ihn kaum überzeugen, motivieren . . .).

7. Versuchen Sie, die Erwartungen des Partners herauszufinden.

Wenn eben möglich, sollten Sie diesen Erwartungen zu entsprechen suchen.

Gehen Sie auf das Selbstverständnis der Partner über sich selbst, über seine Rolle, seine Funktion ... ein, und versuchen Sie, ihn darauf anzusprechen, so daß er sich in seinem Verständnis bestätigt findet.
Ein enttäuschter Partner ist ein schlechter Partner.

8. Eröffnen Sie stets positiv.
Das schafft Vertrauen. Der Partner wird Sie leichter akzeptieren.
Das gilt ganz besonders, wenn Sie ihm etwas für ihn Unangenehmes zu sagen haben. Er wird es leichter »schlukken«.

II. Zur Durchführung

1. Stellen Sie sich auf den Sprachcode des Partners ein.
Benutzt er einen RC (vgl. Seite 44), vermeiden Sie:
- Lange Sätze (vor allem Schachtelsätze).
- Heben Sie genau Behauptung und Begründung voneinander ab.
- Personenorientierte Argumentationen (statt dessen: sachorientierte Begründungen).

Verwenden Sie Fremd- oder Fachworte nur, wenn Sie annehmen können, daß der Partner sie versteht.

2. Haben Sie Geduld.
Lassen Sie Ihren Partner stets ausreden (nicht unterbrechen, nicht ins Wort fallen).
Warten Sie bei kurzen Sprechpausen des Partners (vor allem, wenn er einen EC benutzt). Er könnte Codierungsschwierigkeiten haben.
Selbst »peinliche Pausen« sollten Sie nicht um jeden Preis

vermeiden. Sie können den Partner zu Aussagen bringen über Inhalte, die er Ihnen ganz oder jetzt verschweigen wollte (nicht überziehen, da sonst unfair).
Lassen Sie sich niemals unter Zeitdruck setzen. Wenn Sie andere Termine wahrnehmen müssen, vereinbaren Sie notfalls eine Fortführung des Gesprächs zu einem anderen Zeitpunkt (wenn möglich aber am selben Ort, da sonst das »Gefühl« für die Einheit des Gesprächs in Etappen verloren geht).

3. Fragen Sie häufig.

Achten Sie aber peinlich darauf, daß der Partner nicht den Eindruck hat, er solle verhört oder ausgefragt werden.
Stellen Sie Ihre Fragen kurz und präzis.
Antwortet der Partner ausweichend, ist es i. a. besser, nicht sogleich nachzufragen, sondern die Frage — anders formuliert — nach einiger Zeit zu wiederholen.
Erhalten Sie wieder eine ausweichende Antwort, kann es angebracht sein, die Frage zu begründen und alternative Antworten anzubieten.
Stellen Sie bevorzugt W-Fragen (vermeiden Sie aber, Warum-Fragen häufig zu stellen).

4. Beantworten Sie Fragen präzise.

Bei Alternativfragen, sollten Sie Ihr »Ja« oder »Nein« kurz begründen.
Bei Antworten auf andere Fragen können Sie eine Begründung anfügen. Heben Sie sie aber deutlich von der Antwort ab.

5. Der Basislevel Ihres Sprechens sei ruhig und gelassen.

Wer sich aus der Ruhe bringen läßt, ist im Nachteil.

Setzen Sie Emotionen kontrolliert ein. Zeigen Sie Emotionen, wenn der Partner es erwartet, aber nicht zu stark.

Setzen Sie Ihren emotionalen Ausdruck *nach* Gründen ein. D. h. besetzen Sie Ihre Thesen und Begründungen produktiv mit Emotionen.

Argumentieren Sie niemals aus Emotionen.

Sprechen Sie so laut, daß der Partner Sie noch gut verstehen kann (außer Sie bringen gezielt Emotionen ins Spiel, oder wollen Emotionen evozieren).

Wird der Partner »laut« oder »schnell«, sprechen Sie betont und merklich leiser und langsamer als Ihr Partner.

6. Suchen Sie den Blickkontakt.

Schauen Sie Ihren Partner an, wenn *er* spricht.

Sprechen Sie selbst, sollten Sie zu langen Blickkontakt vermeiden (Blicken Sie auf Ihre Unterlagen, am Partner vorbei, auf seine Hände ... aber niemals zu lange). Vermeiden Sie jede Unruhe beim Blickwechsel. Schauen Sie niemals zu Boden, es sei denn, Sie denken nach.

Die normale Blickhöhe ist Ihre Augenhöhe. (Also auch nicht nach oben schauen: das kann arrogant, gelangweilt wirken.)

7. Beobachten Sie genau die Ausdrucksreaktionen Ihres Partners.

Mimik und Gestik verraten Ihnen Zustimmung, Ablehnung, Unmut, Interesse ... des Partners.

Nehmen Sie Unsicherheits-, Unmuts- oder Ablehnungsausdrücke beim Partner wahr, ändern Sie sofort Ihre Stra-

tegie (versuchen Sie erneut ein Sympathiefeld aufzubauen, wechseln Sie vorläufig das Thema, stellen Sie Ihre Fragen verbindlicher, zeigen Sie gezielt Sympathie, Verständnis, Wohlwollen, betonen Sie Gemeinsamkeiten . . .).
Lassen Sie sich keinesfalls von der Stimmungslage Ihres Partners anstecken. Stimmen Sie sich optimistisch.
Seien Sie im Regelfall (außer bei gehemmten oder ausdrucksschwachen oder antriebsschwachen Partnern) etwas sparsamer im verbalen Ausdruck und dem der Körpersprache (Mimik, Gestik . . .) als der Partner.

8. Sprechen Sie im Gesprächsverlauf Ihren Partner wiederholt mit Namen an.

Nicht übertreiben.
Die *Namensansprache vor* dem Satz, der Darstellung . . . weckt das Interesse Ihres Partners. Zentrale Punkte des Gesprächs sollten Sie so einleiten.
Der Partnername in Parenthese gesetzt, wirkt verbindlich.
Haben Sie Ihrem Partner Unangenehmes mitzuteilen oder erwarten Sie Abwehrreaktionen, sollten Sie direkte Namensnennung vermeiden (das steigert die Abwehr).

Verwenden Sie gezielt die den Partner einschließende Wir-Form, um den Partner mit in Ihre Darstellung einzubeziehen.

Sie können damit einen gewissen Solidaritätseffekt erzielen. Vermeiden Sie — wenn möglich — den Partner *ausschließende Wir-Formen,* der Partner fühlt sich sonst isoliert und einer Gruppe entgegen (als outcast) und reagiert aggressiv oder niedergeschlagen, wenn Sie ihm etwas Unangenehmes zu sagen haben. Anders, wenn Sie etwas Angenehmes sagen: Dann wird der Partner sich als von einer Gruppe akzeptiert fühlen, die, wenn Sie seine Zielgruppe ist, ihm stärkere Zustimmung »ablockt«, als wenn Sie ihn in Ich-Form loben, positive Mitteilungen machen . . .

III. Zum Schluß

1. Der Partner soll möglichst zufrieden aus dem Gespräch entlassen werden.

Also bringen Sie unangenehme Mitteilungen in die Gesprächsmitte und niemals ans Ende.

Bauen Sie vor Gesprächsende ein eventuell gestörtes Sympathiefeld wieder auf.

Schließen Sie stets mit einer für den Partner angenehmen Aussage (nicht Floskel).

Danken Sie — wenn es ohne ironischen Beiklang möglich ist — für das Gespräch.

2. Lassen Sie dem Partner das letzte Wort.

Das gilt für das eigentliche Gespräch.

Fassen Sie jedoch — schon stehend — das Gesprächsergebnis (vor allem in seinen positiven Aspekten) in ein bis zwei kurzen Sätzen zusammen.

Hüten Sie sich vor abschließenden Floskeln wie »So, das wärs für heute.«, »Haben Sie sonst noch etwas?«.

Schauen Sie — vor allem gegen Gesprächsende — nicht auf die Uhr.

Nur bei Dauersprechern, Querulanten, unfair agierenden Partnern können Sie das Gespräch beenden, indem Sie

- aufstehen (und eventuell langsam zur Türe gehen),
- häufig auf die Uhr schauen,

- einen anderen Termin wahrnehmen zu müssen behaupten,
- sich von Ihrer Sekretärin an einen dringenden Termin erinnern lassen,
- deutliche Zeichen von Unruhe, Unlust, Unaufmerksamkeit zeigen,
- mit anderer Arbeit beginnen,
- telephonieren (mit der Bitte, doch allein gelassen zu werden, da es sich um ein vertrauliches Gespräch handele und das Wesentliche doch gesagt sei) . . .

3. Beim Abschied verfahren Sie ähnlich wie bei der Begrüßung.

Handschlag, Namensnennung . . .

Der Abschied sollte im Regelfall etwas freundlicher ausfallen als die Begrüßung.

Vermeiden Sie, daß der *Partner* die Schlußzusammenstellung unmittelbar vor dem Abschied (also im Stehen) bringt.

Vermeiden Sie leere Floskeln. Zumeist genügt ein »Aufwiedersehen«.

Formeln wie »Es hat mich gefreut, Sie kennenzulernen« . . . sollten Sie nur verwenden, wenn Sie meinen, was Sie sagen.

Vereinbaren Sie — gegebenenfalls — den Termin für ein neues Gespräch, ein gemeinsames Treffen . . .

4. Bei Gesprächen von einiger Bedeutung, machen Sie sich sogleich nach Gesprächsschluß Notizen über Inhalt und Ergebnis des Gesprächs.

Oft ist es empfehlenswert, ein Gedächtnisprotokoll anzufertigen.

Bei sehr wichtigen Gesprächen, die zu Vereinbarungen oder Verpflichtungen für Sie oder den Partner führen, fertigen Sie ein Ergebnisprotokoll (eventuell gar ein Verhandlungsprotokoll) an und stellen Sie es dem Partner zu, mit der Bitte um Bestätigung.
Nehmen Sie Gespräche nur nach vorheriger ausdrücklicher Erlaubnis auf einen Tonträger auf. Die Erlaubnis selbst lassen Sie am besten (wenn keine Gesprächszeugen vorhanden sind) auf Tonträger sprechen.
Macht man zu Ihren Ungunsten oder ohne Ihre Zustimmung von Tonaufzeichnungen bei Privatgesprächen (auch Telephongesprächen) Gebrauch, sollten Sie nicht vor einer Anzeige zurückschrecken.
Die Vertraulichkeit und die Wahrung der Privatsphäre von Gesprächen sind ein so hohes Rechtsgut, das Sie mit schützen helfen sollten*.

5. Kontrollieren Sie Ihre Gesprächsführung.

Füllen Sie bei Gesprächen von einiger Wichtigkeit Ihren Testbogen aus.

---

* StGB, § 201:
Mit Freiheitsstrafe bis zu drei Jahren oder mit Geldstrafe wird bestraft, wer unbefugt
1. das nichtöffentlich gesprochene Wort eines anderen auf einen Tonträger aufnimmt oder
2. eine so hergestellte Aufnahme gebraucht oder einem Dritten zugänglich macht.
Ebenso wird bestraft, wer unbefugt das nicht zu seiner Kenntnis bestimmte nichtöffentlich gesprochene Wort eines andern abhört.
4. Der Versuch ist strafbar.

Sonderungen für das Konfliktgespräch

Konfliktgespräche stellen an die Konfliktpartner oft hohe technische und menschliche Anforderungen. Wenn Sie sich näher mit diesem Thema beschäftigen wollen, sei Ihnen die Lektüre meines Buches: »Krisen und Konflikte« (erschienen im Wirtschaftsverlag Langen-Müller/Herbig) zum Studium empfohlen.

Hier können nur einige elementare Hinweise gegeben werden.

1. Da derjenige, der ein Konfliktgespräch anbietet, vom Konfliktpartner als dominant empfunden werden kann, wird es, wenn diese Dominanz im Konfliktbereich eine mittelbare oder unmittelbare Rolle spielt, angemessen sein, einen »Schlichter« einzuschalten, der *ausschließlich* für diese konkrete Konfliktlösung funktionale Autorität übernimmt. Ein Vorgesetzter sollte nur dann Schlichter sein, wenn er von beiden Partnern in dieser Sache als rein *funktionale* Autorität akzeptiert wird (und nicht als hierarchische). Hüten Sie sich also als Vorgesetzter, unautorisiert Schlichter spielen zu wollen. Oft werden Sie dann selbst in den Konflikt hineingezogen.

2. Ist der Konfliktgrund ziemlich offenbar und handelt es sich dabei um einen primären Sozialkonflikt (und nicht um einen innerpsychischen, der sozial dargestellt wird), dann wird es oft hilfreich sein, den Konfliktpartnern zusammen oder auch jedem einzelnen (in Anwesenheit des anderen) prinzipiell akzeptable Interpretationsangebote zu machen, die sein Verhalten, seine Einstellungen, Emotionen . . . deuten. Eine von einem oder von beiden Partnern akzep-

tierte Deutung wird, vor allem, wenn der Konflikt auf Fehldeutungen beruhte (und das ist bei sehr vielen Sozialkonflikten der Fall), eine Konfliktlösung ermöglichen, indem sie den Konfliktpartnern erlauben, die Handlungen und Einstellungen des anderen zutreffender zu interpretieren.

3. Bei allen Formen von Konflikten ist zu prüfen, ob der Konflikt nicht gründet:

— in einer langwährenden Frustration eines Konfliktpartners durch den anderen (so kommt es zu depressiven, aggressiven oder angstbestimmten Grundeinstellungen zu diesem),

— in einer Grundsituation, die einem der Partner bevorzugt Angst-, Scham-, Schuld- oder Mindergefühle vermittelt,

— in einer Grundsituation, in der einer der Konfliktpartner sich gar als Unperson behandelt fühlt (oder doch nicht die Anerkennung erhält oder die Rolle spielen darf, auf die er glaubt ein Anrecht zu haben).

In diesen Fällen muß die Konfliktursache ausgeräumt werden.

II Die Diskussion

Es sind zu unterscheiden:

1. Diskussionen mit dem Ziel, Überzeugungen zu transferieren.
2. Diskussionen mit dem Ziel, Probleme zu lösen.

Zwischen diesen beiden Grenzpositionen gibt es zahlreiche Mischformen. Hier sind zu nennen:

1. *Erörterungen*

Ziel: Eine gemeinsame Strategie erarbeiten.
Zwischen Alternativen die günstigste zu wählen.
Gründe Pro et Contra kennenzulernen, gegenüberzustellen und kritisch zu prüfen (bzw. prüfen zu lassen).

2. *Aussprachen.*

Ziel: Gemeinsam eine Stellungnahme zu erarbeiten.
Divergierende Meinungen einander anzunähern.
Mißverständnisse auszuräumen.

3. *Meinungsaustausch.*

Ziel: Information über Fremdmeinung, mit der Möglichkeit schneller Rückfragen.
Vortrag eigener Meinung, mit der Möglichkeit schneller Prüfung ihrer Realisationschancen.
Meinungsbildungsprozesse in Gang zu setzen.

4. *Beratungen* (Konferenzen).

Ziel: Sachliche oder taktische Entschlüsse fassen.
Meinungsbildungsprozesse zum Abschluß bringen.
Bei Beratungen wird das Ergebnis zumeist durch Abstimmung ermittelt.

Die Diskussionstypen sind nicht immer in concreto adäquat voneinander zu trennen. So sind Übergänge aus anderen Stadien in Beratungen nicht selten. Auch sind Mischtypen nicht selten.

Die meisten Regeln für das Gespräch gelten auch für die Diskussion.

Diskussionen sind i. a. nur sinnvoll, wenn alle Teilnehmer zur Frage etwa gleich gut informiert sind. Also ist zunächst, für zureichenden Informationsstand zu sorgen. Ebenso sollten bei Grundsatzdiskussionen *zuvor* die zentralen Begriffe abgeklärt sein, damit alle dasselbe sprechen.
Im folgenden sollen einige »Regeln« vorgestellt werden, die Sie — wenn nicht zwingende Gründe dagegen sprechen — beachten sollten.
Eine Diskussion hat drei Phasen:
Eröffnung Durchführung Schluß
Es seien hier nur Regeln angeführt, die zusätzlich oder in Modifikation der schon genannten zu beachten sind.

Regeln

I. Zur Eröffnung

1. Nehmen an der Diskussion mehr als vier Personen teil, sollte sie von einem Leiter geführt werden.
Es kann sein, daß sich die Leitungsfunktion von selbst ergibt (auf Grund hierarchischer und funktionaler Autorität).
Wenn nicht, wählen Sie einen Leiter, oder warten Sie, ob

ein allgemein akzeptiertes Mitglied der Gruppe »wie von selbst« die Leitung übernimmt.

Sind Sie selbst sehr engagiert (am Thema, am Ergebnis), vermeiden Sie es, in die Leiterrolle gedrängt zu werden oder sie zu übernehmen.

Spielen Sie eine outsider-Rolle, lassen Sie sich nicht zur Leitung überreden, wählen ... (Oft genug wählt man diese Methode um unangenehme Partner mundtot zu machen — und das sehr elegant.)

Verzichten Sie als Vorgesetzter bewußt auf die Leitungsfunktion, wenn Sie Ihre Mitarbeiter von der Richtigkeit Ihrer Anschauung überzeugen oder zu einer Handlung, einem Verhalten ... motivieren wollen.

Der Diskussionsleiter soll menschlich allgemein akzeptiert werden, denn für die Dauer der Diskussion übernimmt er (eine funktionale) Autorität. Sie können aber auch einen Mitarbeiter »aufbauen«, indem Sie, obschon Sie auf Grund Ihrer hierarchischen Autorität der »geborene« Leiter sind, ihn zum Leiter vorschlagen (oder bestimmen).

Die Regeln zur Diskussionsleitung finden Sie auf den Seiten 198 ff.

2. Die Partnerzahl sollte zehn nicht überschreiten.

Bei größeren Gruppen kommen — zumindest bei längeren Diskussionen — zwingend über psycho-soziale Mechanismen gruppendynamische Prozesse in Gang, die die Beachtung folgender Regeln zum Teil gegenstandslos machen.

Die *günstigste Teilnehmerzahl* ist 4 oder 6 (den Leiter nicht eingerechnet).

Sollte die Zahl der Teilnehmer größer sein müssen, dann

bereiten Sie sich in einer *Vordiskussion* mit entsprechend kleinem Teilnehmerkreis auf die Hauptdiskussion vor.

3. Wählen Sie einen günstigen Platz.

Die Sitzordnung sollte, wenn eben möglich, die eines »round tables« sein.

Sitzen Sie in Reihe (wie meist bei Publikumsdiskussionen) oder an einem eckigen Tisch, vermeiden Sie Plätze, die vom Leiter entfernt sind.

Der günstigste Platz ist der rechts vom Leiter oder — beim round table — der halbrechts vom Leiter gelegene. (Fast alle Leiter schauen bevorzugt nach rechts.)

4. Vorstellung.

Die Diskussion (vor allem die öffentliche) beginnt mit einer Vorstellung der Teilnehmer.

Übernimmt der Leiter die Vorstellung, sprechen Sie mit ihm ab, was Sie gesagt haben wollen.

Stellen Sie sich selbst vor, hüten Sie sich vor zu ausführlichen Darstellungen (Ihres Werdegangs, Ihrer Arbeit, Ihrer Funktionen ...), sondern sagen Sie nur das, was das Publikum im Zusammenhang dieser Diskussion auf Ihre Beiträge orientiert.

Dabei ist ein gewisses (nicht eitel wirkendes) Understatement angebracht.

Vermeiden Sie, als Erster vorgestellt zu werden oder sich vorstellen zu müssen.

Versuchen Sie niemals über die Vorstellung eine Dominanz über ihre Partner herauszuspielen (das wirkt arrogant).

Achten Sie darauf, daß Sie freundlich, aufgeschlossen,

offen, sympathisch und gelockert wirken. **Der erste Eindruck ist wichtig!**

4. Fassen Sie Ihr Eröffnungsstatement kurz.

In einer Diskussion wird der Leiter oft jeden Teilnehmer der Reihe nach um seine Position zum behandelten Thema befragen.

Eröffnen Sie verhalten (und nicht aggressiv oder provozierend): Hier sind Formeln wie »Ich möchte zeigen (meinen, beweisen, behaupten ...)« durchaus nicht unangebracht.

Eröffnen Sie kurz: Stellen Sie Ihre Ansicht, Meinung ... in einem Satz — wenn möglich: Hauptsatz — dar.

Lassen Sie darauf eine kurze Begründung folgen. Nennen Sie gute Gründe, wenn auch nicht Ihre besten.

Numerieren Sie Ihre Gründe (1. ..., 2. ..., 3. ...). Vermeiden Sie es, mehr als drei Gründe anzugeben. Nennen Sie den überzeugendsten als letzten. Oft empfiehlt sich folgende Formel: »Ich bin der Ansicht, daß ... und werde dafür zwei (oder drei) Gründe nennen: 1. ...«

Scharf Behauptung von Begründung abheben.

II. Durchführung

1. Melden Sie sich nicht als erster zu Wort.

Der Erstsprechende kann zwar den Vorteil haben, die Diskussionsrichtung festzulegen, setzt sich aber der Gefahr aus, daß sich die Diskussion vor allem gegen ihn richtet.

Lassen Sie aber anderen die erste Wortmeldung, können Sie durch Fragen angreifen.

2. Akzeptieren Sie die Autorität des Leiters.

Greifen Sie den Leiter während der Diskussion niemals *unmittelbar* an, das ist unfair, wirkt arrogant und besserwisserisch.

Sprechen Sie nur, wenn der Leiter Ihnen das Wort erteilt (oder Sie unmittelbar von einem Partner angefragt werden).

Stellt der Leiter eine Frage, beantworten Sie sie kurz (aber nicht lakonisch).

Vermeiden Sie es, dem Leiter Vorschläge zur Führung zu machen.

3. Vermeiden Sie Zwischenrufe.

Zwischenrufe zeugen von ungezügeltem Temperament, emotionaler Unsicherheit, Empörung, Aufregung, Unsicherheit.

Ebenso sind zustimmende oder ablehnende Gesten verpönt.

Privatgespräche wirken störend.

Heftige Bewegungen sind unangemessen.

4. Formulieren Sie Ihre Beiträge kurz und präzise.

Sagen Sie nur das, was Sie sagen wollten, ehe Sie zu sprechen begannen.

Fragen Sie angemessen häufig.

Wenn Sie Ihre Frage begründen, stellen Sie die Begründung voran. Lassen Sie die Begründung folgen, geht Ihre Frage unter.

Nur Fragen, die Sie selbst beantworten wollen (dialektische, rhetorische Fragen), gehören an den Anfang eines Beitrages.

5. Vermeiden Sie Widerlegungen.

Bieten Sie bessere Alternativen an. Widerlegungen fixieren Ihren Gegner nur auf seine Meinung und evozieren aggressive und Trotz-Reaktionen.

Oft ist es angebracht, einen Einwand in Frageform zu kleiden.

Die Fragen sollten weder suggestiv noch provozierend sein.

Also nicht:

»Sie sind wohl doch nicht der Meinung, daß . . .«,

»Sind Sie etwa der Meinung, daß . . .«,

»Wollten Sie etwa sagen, daß . . .«,

Besser sind Formeln:

»Wenn ich Sie recht verstanden habe, . . .«,

»Ihre Aussage könnte bedeuten: 1. . . ., 2. . . ., 3. . . . Was haben Sie gemeint?«,

»Ihre Frage könnte bedeuten: 1. . . ., 2. . . ., 3. . . . Wie haben Sie sie verstanden?«.

Die Unterscheidungsfrage ist ein wichtiges dialektisches Instrument. Aber sie will gekonnt sein!

6. Greifen Sie einen Fremdbeweis nicht durch Gegenbehauptungen an.

Der beste Angriff verläuft so:

- Sie prüfen die stillschweigenden Voraussetzungen des Beweises. Die beste Hilfe ist, wenn Sie den Gegenbeweis auf syllogistische Form bringen und dann

a) die Logik,

b) die Wahrheit der Prämissen prüfen.

- Sie nennen die stillschweigenden Prämissen und zeigen

ihre Unrichtigkeit, ihre Unvollständigkeit (Gegenbeispiele nennen!) ...

Entdecken Sie einen logischen Fehler, nennen Sie ihn.

Wenn Sie schon eine Gegenbehauptung aufstellen wollen, kleiden Sie ihn in Frageform.

Im Regelfall sollten Sie ein Statement, das Sie »angreifen« wollen, *zunächst* in seinen akzeptablen Teilen zusammenfassen und zustimmen.

Im zweiten Schritt sollten Sie die *Methode der Unterscheidung* anwenden:

»So gemeint ... ja, so gemeint ... nein.«

Beispiel:

Ein Partner sagt: »Wir wissen, daß der Markt sich selbst reguliert.«
Sie sind anderer Meinung und antworten:
»Im Bereich der Preisbildung, ja; im Bereich des Außenhandels, nein.«
Oder:
»Im Bereich der Preise auf der Produktionsstufe, nein;
auf der Konsumstufe, ja;
im Bereich der Außenwirtschaft, nein.«

Die Methode der Unterscheidung ist vor allem bei anspruchsvollen Diskussionen zu wählen. Sie wirkt geistvoll und dient in optimaler Weise der Wahrheitsfindung oder der Auffindung der besten Strategie.

Greifen Sie einen dominanten Partner (Vorgesetzten, Publikumsliebling) oder einen Partner, mit dem Sie sich im Verlauf der Diskussion solidarisieren möchten, nicht offen und unmittelbar an.

Oft ist ein Angriff gegen den Vertreter einer ähnlichen Gegenmeinung angemessener und taktisch klüger.

Bemerken Sie bei Publikumsdiskussionen, daß sich das Publikum mit der Ansicht eines Partners zu solidarisieren beginnt (Beifall, Zustimmungsrufe . . .), ist es falsch, ihn anzugreifen (etwa durch akzentuierte Gegenthesen, aggressives Fragen, abtuende Antworten . . .). Betonen Sie vielmehr die Nähe der eigenen Position zu der des »Lieblings« und modifizieren Sie dann äußerst behutsam (etwa nach der Unterscheidungsmethode) dessen Meinung, doch so, als wäre sie nichts anderes als eine ausgefaltete Version, der vom Publikum favorisierten Meinung. Sind Sie überzeugend genug in Ihrer Argumentation, wird der »Liebling« (um es nicht mit dem Publikum zu verderben) Ihre Taktik durchgehen lassen.

Kämpfen Sie nicht gegen verbreitete Vorurteile unmittelbar!

Prüfen Sie genau die Prämissen, die dem Vorurteil zugrunde liegen, und versuchen Sie, die Prämissen zu entkräften.

7. Versuchen Sie nicht durch etwas anderes aufzufallen als durch die Qualität Ihrer Beiträge.

Sprechen Sie kurz und präzise. Kurze Sprechzeiten können Sie durch häufigere Wortmeldung kompensieren.

Vermeiden Sie provozierende Formulierungen und aggressive Fragen (beide gehören in die Debatte).

Sprechen Sie angemessen laut und schnell (d. h.: Seien Sie nicht der Lauteste oder Leiseste, nicht der Schnellste oder Langsamste). Oft ist es empfehlenswert, sich in Lautstärke und Sprechgeschwindigkeit am Leiter zu orientieren.

Achten Sie auf klare Diktion (aber übertreiben Sie nicht).

Vermeiden Sie Modeworte (»echt«, »Frage steht im Rau-

me«, ...). Sie wirken töricht, morden die ursprüngliche Kraft des Wortes, fallen gebildeten Benutzern eines EC auf die Nerven.
Seien Sie knapp in Mimik und Gestik, wenn Sie sprechen (es sei denn, Sie beherrschen die Regeln der Körpersprache und wollen Emotionen evozieren).
Lehnen Sie sich *während Sie* sprechen weder vor noch zurück. Das Vorbeugen signalisiert symbolisches Eindringen ins Fremdrevier und löst aggressive Stimmungen aus. Das Rücklehnen wirkt distanzierend und senkt die Aufmerksamkeit der Zuhörer. Das Rücklehnen unmittelbar *nach* Schluß Ihres Beitrags sagt: »So, das habe ich einmal wieder gut gesagt«, »Nun, was haben Sie denn da noch zu sagen?«.
Setzen Sie diese Ausdrucksformen nur bewußt ein.
Ein Vorbeugen während *fremden Sprechens* signalisiert Interesse. Vermeiden Sie aber ruckartige Bewegungen.
Zeigen Sie keine Zeichen von Langeweile und Ungeduld (rücklehnen während fremder Beiträge, spielen mit Gegenständen, Trommeln mit Fingern, unstetes Umherblicken, blättern in Unterlagen, unruhige und hastige Bewegungen ...).
Vermeiden Sie Geistreicheleien, »seltsame Ausdrücke«, Zweideutigkeiten, billige Scherze. Geistvolle Anmerkungen müssen stets genau zum Gesagten passen. Sie sind vor allem dann nützlich, wenn die Atmosphäre gespannt ist.
Überlassen Sie Anträge und Diskussionen zu Verfahrensfragen und zur Geschäftsordnung möglichst anderen.

8. Suchen Sie Blickkontakt.

Das gilt vor allem, wenn Sie zuhören.

Wenn Sie sprechen, schauen Sie alle Partner an, die in Ihrem Blickfeld sitzen.

Nehmen Sie häufigen Blickkontakt mit dem Leiter auf.

Vermeiden Sie jedoch zu häufigen, vor allem aber zu hastigen Blickwechsel.

Bei Distanzen von über 150 cm zielt der Blick im Blickkontakt zwischen die Augen des Partners, bei geringeren Distanzen auf ein Auge.

Der Blick zwischen die Augen bei geringer Distanz kann Ihren Partner verunsichern (»hypnotisieren«).

9. Nennen Sie Tatsachen!

Anerkannte (und wenn möglich bekannte) Tatsachen überzeugen mehr als die bestformulierte und begründete Meinung, denn sie bedürfen keiner Begründung (wohl aber einer geschickten Auswahl und objektiven Darstellung).

Nennen Sie vor allem in Ihren Begründungen Tatsachen!

Oft ist es angebracht, von einer Tatsache auszugehen und an ihr die Meinung zu entwickeln.

Vermeiden Sie jedoch eine Kettung von Tatsachendarstellungen. *Eine* zu nennen ist meist besser als vier oder fünf.

Wählen Sie die Tatsache aus, die Ihre Meinung optimal begründet, stützt . . .

10. Bleiben Sie locker und entspannt.

Achten Sie bewußt während der Diskussion auf die Entspannung Ihrer Gesichts- und Schultermuskulatur.

Die Hände sollten i. a. locker (nicht gefaltet, nicht geballt) auf dem Tisch aufliegen.
Sind Sie emotional erregt, verzichten Sie auf Wortmeldung, es sei denn,

- Sie haben diese emotionale Stimmung *produktiv* erzeugt,
- Sie sind Ihrer so sicher, daß Sie sich nicht von Ihrer Stimmung zu unbedachten, ungeplanten, ungewollten Äußerungen, Fragen . . . hinreißen lassen.

Werden Sie dennoch vom Leiter zur Stellungnahme aufgefordert oder wird Ihnen auf Grund einer länger vorhergehenden Meldung das Wort erteilt, verzichten Sie auf einen Beitrag:
»Ich möchte mich im Augenblick noch nicht zur Sache äußern.«,
»Ich werde im Verlauf der Diskussion noch darauf zu sprechen kommen.«,
»Meine Wortmeldung hat sich erübrigt.«.

11. Suchen Sie nicht den Sieg um jeden Preis.
Der ständige Sieger gewinnt kaum Sympathien. Man muß auch (gezielt oder nicht) verlieren können. Mitunter ist ein gezielter Mißerfolg in der Diskussion in einer Nebensache durchaus anzustreben, um in der Hauptsache gewinnen zu können.

III. Die Schlußphase

1. Halten Sie sich gegen Schluß etwas zurück, damit Sie das letzte Wort erteilt bekommen können.

Das letzte Wort ist oft das einzige, was das Publikum »speichert«.

Es ist für Motivationen, Meinungsbildung Ihre wichtigste Aussage. Bringen Sie noch einmal Ihre Ansicht (in einem Satz) klar zum Ausdruck und formulieren Sie möglichst einprägsam den entscheidenden Grund für Ihre Meinung.

2. Vereinbaren Sie mit dem Leiter vor der Diskussion die Diskussionsdauer.

Eine Diskussionsetappe sollte 60 Minuten nicht überschreiten. Die günstigste Dauer liegt bei ca. 45 Minuten.

Nutzen Sie Diskussionspausen:

- Wie steht es um die eigene Position?
- Wie »kommen Sie an«?
- Was stört die anderen? Sind sie zufrieden (mit sich, mit Ihnen)?
- Besprechen Sie die eigene Ansicht mit Ihrem schärfsten Widersacher; Versuchen Sie, mit ihm ein »menschliches Gespräch« zu führen.
- Versuchen Sie, solidarisierende Absprachen zu treffen.
- **Entspannen Sie sich (Bewegung in frischer Luft)!**

3. Kontrollieren Sie Ihr Diskussionsverhalten.

Stellen Sie fest, welches Ihre stärksten und schwächsten Punkte waren.

Füllen Sie — bei Diskussionen von einiger Wichtigkeit — »Ihren« Testbogen gewissenhaft *bald* nach der Diskussion aus. Wenn Sie einige Tage warten, wird Ihr Eindruck durch

(meist »verschönende«) Nachrationalisierungen verwischt und Ihr Urteil über sich selbst falsch.
Fixieren Sie schriftlich die Punkte, auf die Sie in der nächsten Diskussion vor allem achten müssen. (Lesen Sie sich diese Punkte unmittelbar vor der folgenden Diskussion durch.)

Zusammenfassung der wichtigsten Regeln für die Diskussion

1. Jedes Mitglied bereitet eine Liste von Pro- und Contra-Gründen vor und bedenkt deren Gewicht. Es entscheidet sich gegebenenfalls auf Grund dieser Analyse.
Es bedenkt, welche Gründe die für die anderen erheblichsten und überzeugendsten sind und formuliert diese kurz und plakativ vor (optimal zwei). Es bereitet sein Eröffnungsreferat vor:
Ich bin der Ansicht, daß . . .
Ich habe dafür folgende Gründe: 1. . . ., 2. . . .
2. Der Leiter eröffnet die Diskussion unter Angabe
— des Themas,
— eventueller Konventionen (Definitionen, Informationen, Daten, Sprechzeiten . . .),
— des Diskussionsziels.
3. Jeder Teilnehmer bringt sein Eröffnungsstatement ein. Dabei sind auch Statements zulässig, die etwa einen Pro- und Contra-Grund nennen und daraus folgern: »Ich habe mich noch nicht entschieden«.
4. Der Leiter nennt nun die Pro- und Contra-Gründe über

die diskutiert werden soll. Darauf wiederholt er den Grund, über den zunächst diskutiert werden soll (zumeist einen Pro-Grund) und bittet das Plenum um Wortmeldungen. Ist zureichend lange und intensiv über diesen Grund diskutiert worden, läßt er über den anderen Grund diskutieren.

5. Der Leiter soll bedenken, daß für den Verlauf der Diskussion seine emotionale Stimmung von nicht unerheblicher Bedeutung ist. Ist er begeistert oder niedergeschlagen, wird sich diese Stimmung auf die zu führende Gruppe übertragen.

6. Die Teilnehmer der Diskussion müssen genau aufeinander hören. Sie müssen deutlich machen, auf welche Worte eines anderen Teilnehmers sich ihr Beitrag zustimmend oder kritisch bezieht.

Es empfiehlt sich oft Formeln wie:

Sie behaupteten . . ., Sie vermuteten . . ., Sie unterstellten . . ., Sie wünschten . . ., Sie frugen . . ., Sie erklärten . . ., Sie bedachten . . ., Sie unterschieden . . .,

anzuwenden. Sie sind sehr viel häufiger einzubringen, als gemeinhin vermutet wird.

Auf diese Weise vermeidet man »singuläre Beiträge«, die aus dem inhaltlichen oder emotionalen Kontext der Gruppe herausfallen und deshalb nur partiell oder gar nicht beachtet werden.

7. Leiter als auch Teilnehmer sollten sich in der Diskussion gelegentlich inhaltlich etwas zurücknehmen und sich fragen

— was wollen die anderen (Bedürfnisse, Interessen, Erwartungen),

— wie sind sie gestimmt.

Sie sollten so weit als irgend möglich darauf eingehen und ihren Partnern entgegenkommen, ohne eigene Ziele aus dem Auge zu verlieren.

III Die Debatte

Die Debatte ist ein Kampfgespräch.
Ihr Ziel ist der Sieg.
Sieger ist, wer das Publikum überzeugt.
Versuchen Sie, hart zu sein und sympathisch zu wirken
Debatten werden immer praktisch, wenn sich zwei Parteien (auch innerhalb einer Konferenz, Sitzung, Tagung...) gegenüberstehen. Hat sich eine Partei gebildet, ist sie im Regelfall nur zu besiegen, wenn sich eine wenigstens gleich starke Gegenpartei bildet.

Vorbereitung

Zur Vorbereitung treffen sich die Angehörigen einer Partei und

— erarbeiten einen Katalog von Gründen, die für und gegen die eigene Position sprechen,
— einigen sich darauf, wer welche Gründe im Eröffnungsstatement vorträgt,
— planen Abwehrstrategien bezüglich der Gegengründe,
— bedenken, ob und warum es angebracht ist, optisches Material *nicht* beizubringen,
— vereinbaren, wer das Schlußstatement hält.

Der Leiter sucht die Grundzüge der Argumentation beider Parteien (vor allem das jeweilige Hauptargument) herauszufinden (evtl. erfragen).

Durchführung

1. Die Parteien (drei!) achten darauf, daß sie
— Sympathiepunkte gewinnen:
Ansprechen der Bedürfnisse, Verstärken der Vorurteile, Erfüllen der Erwartungen, Entsprechen den Interessen . . . der Zuhörer,
— ihre Gründe überzeugend darlegen:
verständliches (wiederholbares) Sprechen, plakative Darstellung, Vermeiden überflüssiger Redundanzen . . .,
— ihren Gegner hart aber fair zurückweisen:
Vernichtungsanalyse (Fakten oder Logik betreffend), vorsichtiges Unglaubwürdigmachen, Zweifeln an Kompetenz aufkommen lassen,
— optisches Hilfsmaterial einbringen:
Skizzen, Bilder, Graphiken . . . und dies niemals in Verteidigungssituation.

2. Der Leiter eröffnet die Debatte mit
— Nennen des Themas
— Darlegung eventueller Konventionen (Definitionen, thematische Beschränkungen, Sprechzeiten . . .)
Darauf fordert er die erste Partei (die eine Position vertritt, nicht die sie angreift) zu ihrem Statement auf.

3. Das Eröffnungsstatement jeder Partei hat u. a. folgende Form:
Wir sind der Ansicht, daß . . .
Und wir nennen dafür folgende Gründe . . .

4. Haben beide Parteien ihr Eröffnungsstatement gehalten,
— nennt der Leiter die zentralen Argumente jeder Partei,

— wiederholt den Punkt, über den zuerst debattiert werden soll,
— schließt mit der Frage an die diesen Punkt angreifende Partei mit der Frage: »Liegt dazu eine Wortmeldung vor?«
5. Der Leiter erteilt Wortmeldungen in der Reihenfolge des Eingangs, doch von Partei zu Partei wechselnd.
Kommt die Debatte nicht recht in Fluß, oder weichen die Teilnehmer vom Thema ab, kann er durch geeignete Zwischenfragen die Debatte voranbringen.
Er unterbricht Redner nur,
— wenn sie sich nicht an das Thema halten (dann aber zwingend),
— wenn sie ihre Redezeit überschreiten oder mißbrauchen, (etwa zu nichtssagenden Bemerkungen, Scherzen, . . .)
— wenn sie persönlich ausfallend werden.
6. Es folgt die Aussprache über die Argumente der Gegenpartei. Der Leiter wiederholt das erste Argument noch einmal und fragt die erste Partei an:
»Sind dazu Wortmeldungen?«
7. Gegen Schluß erteilt der Leiter der (stärkeren) Partei das Wort zum Schlußstatement. Es ist das eine Zusammenfassung der Debatte aus parteilicher Sicht. Es enthält eine »Würdigung« der Leistungen (Argumente, Stil, Verfahrensweise . . .) der Gegenpartei. Dieser folgt eine Würdigung der Leistungen der eigenen Partei.
Jede Partei versucht jedoch das 2. Schlußstatement zu erhalten. Hat die erste Partei ihr Schlußstatement gebracht, fordert der Leiter die zweite Partei auf ihr abschließendes Statement vorzutragen.
Das Schlußstatement sollte sorgfältig von dem, der dazu

von seinem Team bestimmt wurde, während der Debatte vorbereitet werden. Er soll alle Mängel der Gegenseite stichwortartig notieren, um sie entsprechend herausstellen zu können.
Oftmals entscheidet der letzte Eindruck!

8. Der Leiter schließt die Debatte mit einem kurzen Wort. Dieses soll folgende Eigenschaften haben:
— es soll kurz sein,
— es soll positiv gestimmt sein (der Zuhörer soll den Eindruck haben, an einer gewinnbringenden Veranstaltung teilgenommen zu haben),
— es soll keinerlei Urteil über eine Partei enthalten und keinesfalls die Vorliebe des Leiters für die eine oder andere Partei deutlich machen.

Für den einzelnen Debattenteilnehmer gelten folgende Regeln:

1. Fallen Sie einem Mitglied Ihrer Fraktion niemals in den Rücken.
2. Versuchen Sie Ihren Gegner emotional zu stimulieren.
3. Bleiben Sie selbst ruhig und sicher.
4. Greifen Sie nicht den stärksten Gegner unmittelbar an.
5. Versuchen Sie, Ihre Partei in die Dominanz zu führen.
6. Kontrollieren Sie Ihr Verhalten.

IV Der Leiter

Sind an einer Diskussion oder Debatte mehr als vier Mitglieder aktiv beteiligt, sollte stets ein Leiter bestimmt werden, dessen Autorität von allen Teilnehmern akzeptiert wird.
Eine gute Leitung setzt viel Erfahrung voraus, denn der Leiter sollte auf die Persönlichkeit jedes Teilnehmers eingehen können, um seine Interessen, Schwächen, Vorlieben, Meinungen, Fachkenntnisse wissen.
Geschulte Leiter sind selten.
Die folgenden Regeln sind eher für den noch nicht zureichend profilierten Leiter gedacht. Der geschulte Leiter wird seine eigenen Methoden haben, die zum Teil nicht unerheblich von diesen Regeln abweichen können.

1. Der Leiter muß sich besonders gründlich vorbereiten.

Er muß das Thema zureichend beherrschen, um interessante Fragen herauszufinden oder zu stellen, um entscheiden zu können, ob ein Beitrag vom Thema abweicht oder ein Teilaspekt des Themas erschöpfend oder zureichend behandelt wurde.
Er soll sich einige Anstoßfragen zum Thema bereitstellen (und schriftlich fixieren).
Er soll die Teilnehmer kennen, um sie mit Namen anreden zu können, um Spezialkenntnisse abfragen zu können, um Dauerrednern und Abschweifern begegnen zu können, um verhindern zu können, daß ein Teilnehmer sein eigenes Spiel (und nicht das der Diskussion oder Debatte) spielt.

2. Der Leiter muß über den Parteien stehen.

Er soll keine Beiträge zur Sache liefern.
Er soll die Qualität eines Statements oder eines Beitrages nicht bewerten.
Er soll in Zusammenfassungen den *objektiven* Stand der Diskussion und ihrer Ergebnisse vortragen.
Er soll eine Diskussion über Teilfragen nicht zu Gunsten einer Partei abbrechen oder verlängern.
Er soll in seiner Schlußzusammenfassung nicht über Sieg oder Niederlage einer Partei oder Ansicht urteilen.

3. Der Leiter legt die Spielregeln fest und sorgt für ihre Beachtung.

Die Spielregeln sollten i. a. vor der eigentlichen Diskussion festgelegt werden.
Dazu gehören:

1) Die Angabe der Dauer (der Diskussion, der Statements, der Beiträge).

a) Eine Diskussion sollte nicht über eine Stunde dauern, eine Debatte nach etwa 45 Minuten abgeschlossen werden. Sind diese Zeiten nicht einzuhalten, sollte nach spätestens einer Stunde eine Pause eingelegt werden.

b) Die Dauer der Statements sollte in der Diskussion (bei der alle Teilnehmer das Recht haben, ein Eingangsstatement abzugeben) nicht über drei Minuten, bei der Debatte (bei der jeder Partei ein Statement zusteht) nicht über fünf Minuten hinausgehen.

c) Die Beiträge sind geeignet auf etwa zwei Minuten zu limitieren.

2) Bei einer *Debatte* sollte er sich zuvor informieren, welches Mitglied einer Fraktion das Eingangsstatement hält; bei einer *Diskussion* sollte er die Reihenfolge der Eingangsstatements nach der Sitzordnung bestimmen. Dabei sollte er darauf achten, daß das erste Statement von einem profilierten Teilnehmer abgegeben wird (nicht aber von einem dominanten).

3) Werden die Redezeiten von einem Teilnehmer überschritten, sollte er ihn unterbrechen. (Nicht aber mitten im Satz.) Das gilt vor allem, wenn ein Teilnehmer nicht zum ersten Mal seine Redezeit überschreitet. Bei einer erstmaligen Überschreitung ist eine Mahnung vorzuziehen.

4) Der Leiter *notiert* die Wortmeldungen in der Reihenfolge ihres Eingangs.
In der *Diskussion* erfolgt die Worterteilung in der Reihenfolge der Meldung. Außerhalb der Reihe sollte nur dann das Wort erteilt werden, wenn ein Teilnehmer unmittelbar angefragt, angesprochen, angegriffen ... wird. Der Leiter sollte sorgfältig darauf achten, daß ein Teilnehmer, dem er außerhalb der Folge der Rednerliste das Wort erteilt, nur zur angesprochenen Sache spricht (die Frage kurz beantwortet, die Unterstellung kurz zurückweist ...). Weitet der Teilnehmer seine Antwort oder Entgegnung zu einem Beitrag aus, sollte er ihn i. a. sofort unterbrechen.
In der *Debatte* sollte die Worterteilung abwechselnd auf beide Parteien verteilt werden. (Also doppelte Liste führen: für jede Partei gesondert!) Entsprechendes gilt, wenn sich eine Diskussion zu einer Debatte wandelt (nicht selten!).

4. Der Leiter eröffnet die Diskussion oder Debatte.

Die Eröffnung geschieht nach folgenden Regeln:

1) Der Leiter nennt das Thema (seine Grenzen . . .).

2) Der Leiter stellt gegebenenfalls die Teilnehmer vor.

3) Der Leiter fordert zur Abgabe der Eröffnungsstatements auf.

4) Der Leiter stellt eine Frage an die Teilnehmer, die sich aus den Statements ergibt. Sie soll kontroverse Standpunkte zur Artikulation bringen. Diese Initialfrage kann bei *Debatten* entfallen.

Stellt der Leiter eine Frage, nennt er *vor der Frage* den Namen dessen, von dem er die Frage zunächst beantwortet haben will.

5. Der Leiter führt die Debatte oder Diskussion.

Die Führung unterliegt folgenden Regeln:

1) Er vermerkt die Wortmeldungen (dazu möglichst alle Teilnehmer im Auge behalten; vor allem die links-außen Sitzenden werden gern übersehen) und erteilt das Wort.

2) Er soll Zwiegespräche unter den Partnern vermeiden. Unter Umständen ist ein Abweichen von der Reihenfolge der Wortmeldungen angebracht, um andere Partner mit ins Gespräch zu ziehen. Dazu nennt der Leiter zunächst dessen Namen und schließt eine Frage an (»Herr X, es würde mich sehr interessieren zu hören, was Sie dazu meinen.« . . .).

3) Er muß Angriffe gegen seine Führung, seine Fragen . . . kurz und sicher abwehren, nicht indem er sich verteidigt, sondern indem er den Angreifer unterbricht und einem anderen Mitglied eine Frage stellt.

Er sollte jedoch tunlichst darauf achten, daß solche Angriffe nicht durch ungeschickte oder parteiliche Leitung evoziert werden.

Proteste gegen seine Führung sollte er überhören.

Er bleibe stets freundlich und ruhig.

Er zeige keine Unsicherheit. Eine unsichere Leitung gefährdet den Diskussionserfolg.

Er zeige keine Ungeduld.

4) Komplizierte Probleme sind binär aufzuschlüsseln. Jede Teilfrage sollte mit »Ja« oder »Nein« beantwortbar sein. Dieses Verfahren ist Vorschrift, wenn abgestimmt werden soll (oder muß).

5) Er sollte, wenn eine (Teil-)Frage zureichend diskutiert wurde (d. h., wenn weitere Wortmeldungen ausbleiben oder Sprecher sich wiederholen oder nichts Neues mehr zu sagen wissen), eine kurze Zusammenfassung geben (höchstens zwei Minuten) und eine neue Initialfrage stellen (dabei zunächst Namensnennung, dann Frage). Mit dieser neuen Frage des Leiters sind die bisher nicht realisierten Wortmeldungen als nicht erfolgt zu betrachten.

Die neue Frage soll sich, wenn möglich, am Stand der Diskussion orientieren. Der Leiter soll sich fragen, was hat das Publikum *jetzt* für eine Frage und sie — wenn sie nicht das Thema sprengt — stellen.

6) Er soll, wenn ein Sprecher vom Thema abweicht, den Beitrag (nicht den Teilnehmer) kurz zurückweisen (etwa: »Herr X, auf diese Frage werden wir wohl noch zu sprechen kommen«) und mit einer Frage — möglichst an den auf der Rednerliste folgenden Teilnehmer — zum Thema

zurückführen. Diese Frage will richtig gestellt sein, denn der angesprochene Teilnehmer soll — wenn möglich — das sagen können, was er sagen wollte.

Der Diskussionsleiter muß sehr genau der Diskussion folgen und darf niemals »abschalten«. Er muß jederzeit den Fragestand kennen.

7) In der *Diskussion* (nicht in der Debatte) soll er unfaire Angriffe und Methoden zurückweisen, in der *Debatte* auch (unfaire) persönliche Angriffe, außer wenn er den Angegriffenen für stark genug hält, mit dem Angriff elegant fertig zu werden.

Dem Angegriffenen sollte er auch nach Abweisen des Angriffs sofort das Wort erteilen, wenn es gewünscht wird.

8) Ist eine Partei offensichtlich unterlegen *kann* ihr der Leiter einer Diskussion (nicht einer Debatte!) durch Hilfsfragen (außerhalb der Rednerliste) *unauffällig* helfen.

6. Der Leiter schließt die Diskussion oder Debatte.

1) Etwa 10 Minuten vor Schluß sollte er noch einmal eine interessante Initialfrage stellen (vor allem, wenn die Diskussion zu ermüden droht).

2) Unmittelbar vor Schluß kann er eine Alternativfrage stellen, die das (Gesamt-)Thema betrifft, und sie reihum von allen Teilnehmern mit »Ja« oder »Nein« beantworten lassen.

Zum Schluß der *Debatte* empfiehlt es sich, jeder Partei noch einmal ein Schlußstatement zuzubilligen. Dazu sollte der stärkste Partner jeder Partei aufgefordert werden.

Der unterlegenen Partei ist dabei das letzte Wort zu erteilen.

3) Endet die Diskussion mit einer Abstimmung, soll der Leiter zum Schluß abstimmen lassen und das Ergebnis bekannt geben. Zwischenabstimmungen sollten nur auf Geschäftsordnungsantrag hin erfolgen. (Geschäftsordnungsdebatten nach Maßgabe der Geschäfts- oder Verfahrensordnung *kurz* abwickeln. Liegt eine solche Ordnung nicht vor, sollte höchstens ein Sprecher für und gegen den Antrag sprechen.)

4) Nach Abschluß der Diskussion oder Debatte soll der Leiter eine kurze unparteiische Zusammenfassung des Ergebnisses geben (dazu rechtzeitig Notizen machen!).

5) Ein Dankeswort an die Teilnehmer ist heute nicht mehr üblich, kann aber nach einer fruchtbar verlaufenen Debatte und Diskussion gesprochen werden. (»Ich danke Ihnen, meine Herren, für Ihre aktive Teilnahme« . . .)

Die häufigsten Fehler in Diskussionen und Debatten

1. Der Informationsstand der Teilnehmer ist zu unterschiedlich.
2. Einige Teilnehmer tragen ihre privaten Konflikte aus (man sollte sie vorher bereinigen).
3. Selbstdarstellung und Kontaktvergewisserung geschieht maskiert als Informationsgabe, -nahme, -verarbeitung.
4. Sachprobleme werden personalisiert.
5. Der Leiter ist in Verfahrensfragen unsicher.
6. Das Siegenwollen wird überwertig (es wird auch angestrebt bei unangemessen großem Sympathieverlust).
7. Die Partner sprechen aneinander vorbei, weil zentrale Worte der Diskussion oder Debatte anders emotional besetzt sind oder keine sauberen Definitionen vorgegeben werden.
8. Einzelne Teilnehmer verhalten sich undiszipliniert.
9. Die Autorität des Leiters wird nicht akzeptiert.
10. Die Veranstaltung dauert zu lange (verläuft ermüdend).

V Das Interview

Das Interview ist eine Befragung des Interviewten.
Das Interview kann das Ziel haben:

- den Interviewten über ein bestimmtes Thema zu befragen (Sachinterview),
- die Persönlichkeit des Interviewten zu »entwickeln«, vorzustellen (Personeninterview).

Je nach Typ des Interviews stellen die Interviewer Fragen zur Sache oder zur Person.
Das Interview kann durch *einen* (Einzelinterview) oder durch *mehrere* (am besten zwei) Interviewer erfolgen (Kreuzfeuerinterview). Beim Kreuzfeuerinterview wechselt das Fragerecht von einem Interviewer zum anderen (von kurzen Nachfragen abgesehen).
Vorstellungsgespräche sollten als Interview gestaltet werden, vor allem, wenn der Vorzustellende einer Gruppe (Betriebsrat . . .) vorgestellt werden soll. Dabei sollte man allgemein bekannte Daten, die aus den Unterlagen ersichtlich sind, nicht abfragen. Es ist i. a. das Personeninterview vorzuziehen.
Im Personeninterview bieten sich Fragen über Meinungen und Bewertungen aus Politik, Wirtschaft, um Führungsstil, Organisation . . . an. Sehr persönliche Fragen (nach Familie, religiöser Überzeugung, Zufriedenheit im Beruf . . .) sollte man nur nach vorheriger Absprache und Zustimmung des Interviewten stellen.

1. *Das Einzelinterview*

Regeln für den Interviewer.

1. Der Interviewer suche ein Gesprächsklima herzustellen.

Der Befragte sollte sich nicht als Auszufragender, sondern als Gesprächspartner verstehen. Das Klima des Verhörs ist zu meiden.

Der Fragende sorge für eine positive und entspannte Atmosphäre.

Er eröffne mit Fragen, die der Befragte gern und leicht beantworten kann. Dazu ist es angebracht, der ersten Frage eine kurze Darlegung dessen vorauszuschicken, was man vom Interviewten erwartet, doch so, daß der Interviewte auf Antwortbereitschaft gestimmt wird (Vermeiden jeden Angriffs, jeder bedrängenden Suggestivfeststellung, jeder Form von Peinlichkeit . . .).

2. Der Interviewer beschränke sich aufs Fragen.

Allenfalls sind der Frage Sätze voranzustellen, die dem Befragten die richtige Interpretation der Frage erlauben.

Auch können Rückgriffe auf zurückliegende Antworten kurz eingeleitet werden: »Herr X, Sie haben gesagt . . . Dazu hätte ich noch eine Frage: . . .«

Die Fragen sollten zumeist W-Fragen sein.

Unterstellende Fragen dürfen nicht zu häufig gestellt werden.

Alternativfragen sollten nur gestellt werden, wenn der Befragte sich nicht klar genug ausgedrückt hat oder der Frage ausgewichen ist.

Doppelfragen (entweder . . . oder) oder Frageketten sind tunlichst zu vermeiden.

3. Der Interviewer sorge für ein entspanntes Klima.

Er versuche den Wünschen, Interessen, Vorstellungen des Befragten möglichst entgegenzukommen.

Er vermeide jeden Eindruck eigener negativer Emotionen, sondern bleibe stets gelassen, freundlich und *interessiert*.

Er suche die Fragen zu stellen, die das zuhörende Publikum stellen möchte.

Er unterbreche den Befragten nur, wenn er vom Thema abschweift, ausweichend oder langatmig antwortet.

Der Interviewer versuche eine Schlußfrage zu stellen, die es dem Befragten gestattet, noch einmal seine Meinung zur Sache kurz und prägnant vorzustellen.

Ein abschließender Dank (»Ich danke Ihnen für das Gespräch«) ist zwar nicht mehr üblich, kann aber dennoch nach gutem Interviewverlauf angebracht sein. Er sollte niemals ironisch klingen.

Regeln für den Interviewten.

1. Der Befragte fasse sich kurz und bündig.

Die Antwort soll kurz und präzise, nicht aber lakonischkurz gegeben werden.

Er sollte die gebundene Information (Beantwortung der gestellten Frage) von der freien (Begründung der Antwort, Selbstdarstellung der eigenen Person, des eigenen Unternehmens, der eigenen Partei) sorglichst voneinander scheiden und darauf achten, daß sich — über das ganze Interview gemittelt — die freien und gebundenen Anteile etwa die Waage halten.

Er soll versuchen, durch die Form und den Inhalt der Antwort die nächste Frage (im von ihm gewünschten Sinne) zu evozieren. Da die meisten Interviewer am letzten Satz der

Antwort anknüpfen, sollte dieser zur gewünschten Frage herausfordern. Obschon der Befragte in Defensivposition ist, kann er doch geschickt den Verlauf des Interviews steuern. **Dazu gehört jedoch einiges Training.**

Die Antwort soll möglichst wahrheitsgemäß sein, d. h., sie muß die Wahrheit, wenn auch nicht die ganze, sagen. Das Verschweigen von wahren Aspekten, die vielleicht auch miterfragt wurden, ist dann angebracht, wenn

- Vertraulichkeit oder Geheimhaltungszusagen nur so zu schützen sind,
- die Individualsphäre nicht anders geschützt werden kann,
- eine Nachfrage evoziert werden soll.

Von Schutzbehauptungen sollte man dagegen selten Gebrauch machen.

Eine Schutzantwort ist dann keine Lüge, wenn der Fragende nicht berechtigterweise eine wahrheitsgemäße Antwort erwarten kann (das gilt auch dann, wenn er sich selbst dessen nicht bewußt ist).

Ein guter Psychologe erkennt Schutzbehauptungen an der Veränderung des Ausdrucks.

2. Der Befragte bleibe ruhig und gelassen.

Vor dem Interview entspannen, während des Interviews entspannen.

Man zeige keine Zeichen von Ärger, Ungeduld, Unruhe, Unsicherheit.

Humorvolle Antworten können die Atmosphäre lockern, doch sollten sie

- zur Frage passen,
- keine Kalauer oder abgedroschenen Phrasen sein.

Man antworte nur dann mit einer Gegenfrage, wenn die gestellte Frage ungenau gestellt wurde oder mehrdeutig zu sein scheint.
Mitunter sind jedoch solche Gegenfragen die schlechtere Taktik. Besser: Man suche sich den möglichen Aspekt der Frage heraus, der am günstigsten zur Antwort geeignet erscheint.
Nur in seltenen Fällen sollte man eine unangenehme Frage mit einer Gegenfrage abwehren. Jeder geschickte Interviewer vermutet bei einer Gegenfrage, daß Sie etwas verschleiern oder verbergen wollen, und wird nach einer Zeit auf dieses Thema zurückkommen.

2. Das Kreuzfeuerinterview.

Regeln für die Interviewer.

1. Ein Kreuzfeuerinterview will sorgfältig vorbereitet werden.

Die Auswahl der Interviewthemen ist zuvor festzulegen. Doch sollte man nicht sklavisch dieser Festlegung folgen. Ergibt das Interview nicht vorhergesehene interessante Aspekte, soll man auf sie eingehen.

Die Interviewtaktik ist zuvor festzulegen. Es gelten im allgemeinen folgende Regeln:

1) Die Interviewer vereinbaren, daß sie – jeder für sich – einmal verbindlich, das andere Mal hart fragen.

2) Die Interviewer vereinbaren eine Rollenteilung: einer übernimmt eine aggressive, der andere eine beschwichtigende Rolle. [Aggressor und Moderator.]

Der Moderator eröffnet und beschließt das Interview. Er stellt freundliche und höfliche, vom Befragten gern beantwortete Fragen.

Der Aggressor stellt unangenehme Fragen, Unterstellungsfragen, formuliert aggressionsstimmend und verletzt gezielt das »Revier« der Befragten. Sein Ziel ist es, den Befragten aus der Fassung zu bringen, um ihm Aussagen zu entlocken, die er in ausgeglichener Stimmungslage nach Inhalt und Form nicht so bringen würde.

Wichtig ist in diesem Fall, daß die Fragen abwechselnd vom Aggressor und Moderator gestellt werden.

2. Die Interviewer sollen beim Thema bleiben.

Sie dürfen keinesfalls jeder ihr eigenes Spielchen spielen, sondern sollen in Orientierung auf die gegebene Antwort

die nächste Frage so stellen, daß ihre Beantwortung dem Partner Gelegenheit zur neuen Frage gibt.
Sie müssen möglichst darauf achten, daß der Interviewte durch geschickte Beantwortung ihrer Fragen nicht selbst die Führung übernimmt.
Im Kreuzfeuerinterview sind gut kaschierte Elemente unfairer Dialektik durchaus nicht verboten. Unfaire Fragen zur Person (Lebenswandel, Kompetenz . . .) sind eher anzudeuten (etwa in Unterstellungsfragen) als hart zu formulieren.
Beliebt ist die Technik, einen unfairen Angriff vorauszuschicken und dann eine interessante und vom Interviewten gern beantwortete Frage zu stellen. Nicht selten wird er froh sein, daß die Interviewer nicht bei dem ihm unangenehmen Thema bleiben und keine Fragen dazu stellen, und die letzte Frage beantworten. Der Zuhörer jedoch nimmt an, daß die unfair unterstellten Inhalte den Tatsachen entsprechen.
Niemals im unfairen Angriff zweimal auf dasselbe zurückkommen. Dann wird sich der Angegriffene mit ziemlicher Sicherheit verteidigen. Wohl aber ist es möglich, nach einiger Zeit die nicht zurückgewiesene unfaire Unterstellung aufzugreifen.
Das Kreuzfeuerinterview ist ein Kampfspiel.
Es verhält sich zum Individualinterview wie die Debatte zur Diskussion.

Regeln für den Interviewten.

1. Der Interviewte lasse sich durch nichts aus der Ruhe bringen.

Er sollte die Tricks kennen, mit denen die Interviewer arbeiten, und in der Anwendung erkennen.

Er hüte sich davor, dem Moderator allzuviel zu vertrauen.

Er sollte versuchen, die Fragen des Aggressors freundlich und ausführlich zu beantworten, die des Moderators dagegen barsch, kurz, lakonisch. Damit verunsichert er die Rollen.

Vorsicht ist jedoch geboten bei geschulten Interviewern, die diese Abwehr sehr wohl kennen und schnell die Rollen tauschen.

Jeder Interviewbeitrag sollte möglichst aus zwei Teilen bestehen:

- Die *gebundene* Information beantwortet geeignet und knapp die Interviewerfrage.
- Die folgende *freie* Information dient der optimalen Darstellung der eigenen Vorstellungen, des eigenen Unternehmens, der eigenen Partei, der eigenen Person . . .

Diese freie Information muß genau vorbereitet werden und darf nicht über das in der Vorbereitung ausgemachte Ziel hinausgehen.

Er achte sorgfältig auf alle Unterstellungen, stillschweigend gemachte Voraussetzungen und weise sie zurück.

Er vermeide sorgfältig, Emotionen *vor* Gründen zu zeigen.

Er bleibe in Lautstärke, Sprechtempo zwischen den Interviewern.

Bei unklaren Fragen oder unangenehmen Fragen verwende

er die Technik der Rückfrage (»was wollen Sie eigentlich wissen: ...?«, »Haben Sie die Frage so oder so verstanden?« ...).

Wird das Interviewklima unbehebbar aggressiv, kann man auf Zeitverschleppung spielen, indem man seine Antwort langatmig begründet, mit anderen Worten wiederholt, zuerst die besondere Wichtigkeit der Frage betont und ihre Bedeutung würdigt und begründet. Dies ist besonders wirksame Verschleppung, da sie *vor* der Antwort liegt und dem Befragten Zeit läßt, sich eine Antwort zu überlegen, die jetzt gar nicht mehr genau zur Frage passen muß, da man den Fragepunkt durch die vorhergehenden Ausführungen verschieben kann. **Diese Technik muß trainiert werden!**

Lassen Sie sich niemals vom Fragenden unterbrechen. Fahren Sie, vor allem bei der Abwehr unfairer Angriffe, nach einer Unterbrechung an genau der Stelle fort, an der man Sie unterbrochen hat.

Achten Sie besonders auf ausgewogene Mimik und Gestik.

Blicke zu Boden, verkrampfte Hände, verkrampftes Sitzen ist sofort abzustellen, wenn man es bemerkt. Um es zu bemerken, muß man jedoch gewohnt sein, seinen körperlichen Ausdruck schon in gewöhnlichen Gesprächen zu kontrollieren. **Entkrampfung muß trainiert werden!**

Besonders sind alle *nicht gewollten* Verlegenheits-, Unterlegenheits-, Unsicherheitsausdrucksformen zu vermeiden (Finger am Mund, Kopfkratzen, Fingertrommeln, unruhiger Blick, stammelndes Sprechen, unruhiger Sitz, unterschlagene Arme, Wippen der Beine, fahrige Bewegungen ...). Man kann sie jedoch einsetzen, um den Fragern einen falschen Eindruck über seine Stimmung zu vermitteln. »**Unwahrer Ausdruck« muß trainiert werden!**

2. Der Interviewte schenke dem Befragungsschluß besondere Beachtung.

Die Schlußantwort muß besonders vorsichtig und ausgewogen formuliert werden. Von ihr hängt weitgehend der Gesamteindruck ab, den man auf die Interviewer und das zuhörende Publikum macht.

Man achte vor allem auf eine eventuelle Zusammenfassung des Interviews durch einen der Befrager. Man unterbreche *sofort*, wenn etwa falsch akzentuiert, dargestellt, behauptet wird. Man lasse sich niemals etwas unterschieben, was man nicht so gesagt oder gemeint hat.

In den letzten Jahren hat sich bei Rundfunkinterviews die (Un-)Sitte eingebürgert, daß der Interviewer eine Abschlußbemerkung anschließt, die weniger das Interview zusammenfaßt, als den vermeindlichen »Geist« des Interviewers bekannt machen soll. Diese Schlußbemerkungen sind oft unsagbar töricht, mitunter auch unfair und gemein. Es ist dringend zu empfehlen — besonders bei Telefon-Interviews —, sich entweder vor dem Interview eine solche Schlußbemerkung zu verbitten oder sie inhaltlich vorher abzusprechen.

Übrigens:

Polizeiverhöre sind oft nichts anderes als Kreuzfeuerinterviews. Sie müssen jedoch damit rechnen, daß Sie sehr geschulten Interviewern antworten müssen.

Sie sind übrigens bei Vernehmungen und Verhören zu ihrem Nachteil nur verpflichtet, Ihren Namen, Ihren Stand, Ihren Beruf, Ihr Gewerbe, Ihren Wohnort, Ihre Wohnung und Ihre Staatsangehörigkeit wahrheitsgemäß anzugeben (OWiG § 111). Zu allem anderen können Sie schweigen.

VI Die Rede

Anm.: Wir behandeln ausführlicher nur die dialektischen Aspekte der Rede. Über die rhetorischen gibt es eine ausgedehnte Literatur.

Vom *Redeziel* her unterscheiden wir:

1. die Informationsrede (Referat, Vorlesung, Rechenschaftsbericht ...),
2. die Meinungsrede (Verteidigungsrede, Kommentarrede, Vortrag ...),
3. die Überzeugungsrede (politische Rede, Ansprache mit Motivierungsabsicht ...).

Im konkreten Vollzug des Redens sind die drei Typen nicht immer scharf gegeneinander abgegrenzt. Allgemein gilt jedoch:

Die Rede ist eine geschlossene sprachliche Mitteilung über ein bestimmtes Thema.

Einige rhetorische Vorbemerkungen:

1. Viele bedeutende Männer waren schlechte Redner (Bismarck . . .).
2. Ein guter Redner wird folgende natürliche Dispositionen mitbringen:
- er ist extravertiert (geneigt, sich mitzuteilen, nach außen zu leben),
- er ist fähig, Emotionen zu wecken (das können am besten leidenschaftliche Menschen),
- er ist Herr seiner Stimmungen (beherrscht die Technik produktiver Emotionalität),
- er ist natürlich (nicht geziert, nicht gehemmt, nicht besonders eitel).

3. Schon die antike Rhetorik kannte zahlreiche »Redefiguren«. Davon haben sich einige bis heute erhalten:

Antithese
[»Moral *predigen* ist leicht, Moral *begründen* schwer« (Schopenhauer).]

Wortspiel
[»Als Pythagoras seinen berühmten Lehrsatz erfunden hatte, opferte er den Göttern hundert *Ochsen*. Seitdem zittern alle *Ochsen*, so oft eine neue Wahrheit entdeckt wird« (Börne).]

Überraschung
[Selbsterkenntnis ist der erste Schritt zur *Verstellung.]*

Paradoxon
[»Die Menschen, denen wir eine Stütze sind, die geben uns einen Halt« (Ebner).]

Hyperbel
[»Kann ich Armeen aus der Erde stampfen?« (Schiller).]

Klimax
[Es gibt ein Glück, allein wir *kennen's nicht*. Wir *kennen's wohl* und wissen's nicht zu schätzen« (Goethe).]

Apostrophe

[»Mitbürger, Freunde, Römer, hört mich an ...« (Shakespeare).]

Später wurden noch folgende Redefiguren entwickelt:

Zitat

Anakoluth

[»Daß ich den Konflikt nicht fürchte — meine Herrn, ich habe ihm ehrlich die Stirn geboten ... aber ihn zu einer bleibenden nationalen Einrichtung zu machen, ist nicht meine Absicht« (Bismarck).]

Pause

Stilblüten

[»Es ist die Zeit, wo das goldene Kalb blüht«; »Jeder Wurm, der getreten wird, schreit« ...]

Stilblüten sollten niemals unabsichtlich verwandt werden. Sie können jedoch, vorausgesetzt, sie sind geistreich, die Atmosphäre auflockern.

4. **Reden ist tönendes Ausatmen.**

Gutes Reden setzt tiefes und ruhiges Atmen voraus.

Tiefenatmung ist Zwerchfellatmung (beim Einatmen wölbt sich der Bauch vor und weitet sich die Lendenregion: Bauch- und Flankenatmung).

Die meisten Menschen, die nicht gründlich Sport treiben, sind fast ausschließliche Toraxatmer (der Brustkorb dehnt sich, die Schultern heben sich). Toraxatmung ist zumeist flach (geringes Atemvolumen) und daher schnell, macht unruhig und kurzatmig.

Ein guter Redner muß die Zwerchfellatmung nicht nur beherrschen *können*, sondern sie unbewußt anwenden.

Am besten übt man die Zwerchfellatmung zunächst im Liegen mit einem Buch auf dem Leib (und versucht das Buch beim Einatmen möglichst zu heben). **Atempause nach Ausatmen, niemals nach Einatmen.**

Darauf folgt das Einüben im Sitzen und Gehen (3 Schritte ausatmen, 3 Schritte Pause, einatmen und sofort wieder mit langsamen Ausatmen beginnen; Sie können die Schrittzahl langsam vergrößern) und endlich im Stehen (relativ schwierig, da die Beinmuskulatur leicht verkrampft und mit ihr die Bauchmuskulatur).
Sie atmen richtig, wenn Sie 10 Kniebeugen machen, beim Beugen einatmen, und der Puls sich nicht beschleunigt **(Vorsicht bei Kreislaufschäden!).**
Beim Sprechatmen wird die Atemphase gegenüber der Ruheatmung verlängert.
Beim Sprechatmen sollten Sie durch den Mund einatmen (das geht rascher und geräuschloser).
Bei allen Atemübungen können sie geeignet ein F oder ein stimmloses S »summen«.

Die Meinungsrede

Wir werden hier nur von der Meinungs- und Überzeugungsrede handeln, denn sie alleine gehören zur Dialektik, insofern der Zuhörer überzeugt werden soll.

Die einfachste Form der Meinungsrede hat drei Schritte:

1. Was ist? (Reportage eines Zustandes oder Geschehens),
2. Was soll sein? (Erörterung der Mängel des Ist-Zustandes, daraus wird der Soll-Zustand entwickelt),
3. Was soll geschehen? Was ist zu tun? (Appell an die Zuhörer, die Schritte, die notwendig sind, um vom Ist- in den Soll-Zustand zu gelangen, zu gehen).

Die einfachste Form der Überzeugungsrede ist die 5-Satz-Rede (vgl. Seite 243).

Die Vorbereitung

1. Die Vorbereitung ist unabhängig vom rhetorischen Talent.

Eine gute Rede will *immer* gut vorbereitet sein. Eine schlechte Rede, rhetorisch gut vorgetragen, kann allenfalls Mängel vertuschen, nicht aber beheben.

- Wenn Sie häufig reden müssen, sammeln Sie Ihr Material auf lange Sicht (Notizen, Exzerpte, Literaturhinweise, Zeitungsartikel ...), wenn es Ihr Fach- und Interessengebiet betrifft. Nur so bleiben Sie auf dem Laufenden.

Redner, die ihr Thema dutzende Male ohne wesentliche Modifikationen verkaufen, sollten Ihnen als abschreckendes Beispiel dienen.

- **Lassen Sie sich niemals zu einer Rede überreden, deren Thema nicht in Ihr Fach- oder Interessengebiet fällt.**
- Ist Ihnen das Thema bekannt, ordnen Sie Ihr Material zum Thema.

Gegebenenfalls schlagen Sie zusätzlich noch in Fachbüchern und -zeitschriften nach.

- Schreiben Sie die Kerngedanken zum Thema auf je einen Zettel (DIN A 5 quer).

Ordnen Sie die Zettel (Vorbereiten einer Gliederung).

- Arbeiten Sie die Zettel mit den Kerngedanken aus (Stichworte, Stichsätze, Zitate, Fakten . . .).
- Korrigieren und harmonisieren Sie die Ausarbeitungen.
- Überlegen Sie sich genau, was Sie in der Ihnen zur Verfügung stehenden Zeit sagen können (streichen Sie Nebensächlicheres, Unwichtigeres . . .).
- Überlegen Sie sich genau das Redeziel (es ist nicht schon mit dem Thema gegeben!).
- Eliminieren Sie alles Material, was nicht zur Erreichung des Zieles dient.

Vollständigkeit können Sie niemals erreichen. Bemühen Sie sich nicht erst darum. Es kommt darauf an, das Wichtigste zu sagen.

- Übertragen Sie Ihre so purgierte Fassung auf Zettel DIN A 5 quer; auf jeden Zettel — einseitig beschriftet — gehört nur ein wichtiger Punkt mit seinen Ausarbeitungselementen. Ordnen Sie die Zettel, so daß eine sinnvolle Gliederung entsteht. Wichtiges können Sie hervorheben durch Unterstreichen, Sperren, Großschrift, Farbmarkierung . . . Lassen Sie einen zureichend breiten Rand frei, um noch neue Gedanken, Fakten . . . notieren zu können).
- Stellen Sie sich Ihr Publikum vor. Ist es Ihnen unbekannt, fragen Sie den Veranstaltungsleiter nach seiner Zusammensetzung.

Bedenken Sie die Einwände, die Erwartungen, die Interes-

sen, die Vorbehalte, die Vorurteile, die Vorkenntnisse Ihres Publikums.
Bedenken Sie eventuelle Einwände Ihres Publikums. Formulieren Sie sie und Ihre Antwort.

- **Anfänger sollten die Einleitung und den Schluß der Rede wörtlich formulieren.**
- **Die freie Rede ist weder eine Stegreifrede (ohne Vorbereitung), nicht ein auswendiggelernter Schriftsatz, noch ein abgelesenes Referat!**

Anfänger sollten jedoch vermeiden, ganz ohne Vorlage zu reden. Die beste Vorlage sind oben genannte Zettel durch Ecknumerierungen in feste Reihenfolge gebracht.

- Wenn Sie glauben, Sie sollten irgendetwas auswendig lernen (etwa Redeanfang und -schluß), legen Sie — wenn möglich — eine einige Tage dauernde Pause zwischen Ausarbeiten und Memorieren ein. Der Inhalt langweilt Sie nicht mehr, und zudem haben Sie während der Pause oft noch gute neue Einfälle.
- Als Anfänger sollten Sie die Rede einigemal »vor dem Spiegel« halten. Sie überprüfen so die Redezeit, Ihre Fähigkeit zum Engagement und Ihr Gedächtnis. Zudem nehmen Sie sich einen guten Teil der Erwartungsangst. **Kontrollieren Sie sich durch eine Tonbandaufzeichnung.** Können Sie ohne Publikum ins Mikrophon sprechen, dann *sicher* auch mit Publikum.
- Vermeiden Sie eine vollständige Ausarbeitung. Sie werden sich sonst bei der Ausführung an sie erinnern wollen, selbst wenn Sie sie zu Hause lassen.

Wenn Sie eine Rede voll ausarbeiten müssen (etwa zu Publikationszwecken), tun Sie das, nachdem Sie sie gehalten haben (dazu können u. U. Tonbandaufzeichnungen recht nützlich sein).

2. Die beste Vorbereitung nutzt wenig, wenn Sie einen zu schmalen aktiven Wortschatz haben.

Trainieren Sie also Ihren aktiven Wortschatz, wenn Sie feststellen, daß Sie nicht in der Lage sind, das, was Sie meinen, kurz und treffend auszudrücken.

- Das beste Training: Lautes Lesen von gut geschriebenen Texten (es können auch durchaus Texte aus der Fachliteratur sein). Gesprochene Reproduktion des Gelesenen.

Suchen Sie auch im schriftlichen Ausdruck Ihrer Gedanken, stets nach dem treffenden Ausdruck (dazu gibt es zahlreiche Hilfen in Buchform).

- Ihr Stil sei lebendig.

Vermeiden Sie Schachtelsätze. Ihr Publikum langweilt sich. Sprechen Sie jedoch nicht nur in Hauptsätzen, das wirkt abgehackt.

Wechseln Sie in der Satzlänge. Die wichtigsten Passagen können Sie durchaus als Hauptsatzfolge bringen.

Nebensätze sind oft Nebelsätze (sie verdunkeln die Aussage nach Inhalt und Kraft). Sie erhöhen die Überzeugungskraft Ihrer Rede, wenn Sie sich entschließen, mehr Punkte zu machen. Aber das Publikum muß die Punkte »hören«. Es hört Sie nicht, wenn Sie monoton Ihre Stimme fallen lassen, sondern nur, wenn Sie *Pausen* machen. Pausen ermöglichen es Ihrem Publikum nachzudenken (und mitzudenken). Pausen erhöhen die Spannung und die Intensität der Erwartung.

Vermeiden Sie es, »druckreif« sprechen zu wollen. Wiederholungen, kleine syntaktische und grammatikalische Fehler, Anakoluthe (abgebrochene Sätze) machen eine Rede lebendig und zeigen, daß da ein Mensch und keine Informationsmaschine spricht (wichtig, wenn man überzeugen möchte!).

- Ihr Stil sei klar.

Dazu ist es vonnöten, daß Ihnen ein ausreichend großer aktiver Wortschatz zur Verfügung steht.

Sprechen Sie bei öffentlichen Reden im RC. Die obligaten Benutzer eines RC verstehen nur mit zureichender Klarheit Sätze, die restringiert codiert wurden.

Vermeiden Sie Fremdworte, wenn ein deutsches Wort mit gleicher Prägnanz dasselbe bezeichnet.

Vermeiden Sie Stereotype einer veralteten »Kanzleisprache« (»unter Beweis stellen«, »in Vorschlag bringen«, »Anordnungen treffen«, . . .).

Benutzen Sie Verben und keine substantivischen Konstruktionen. Verben beleben Ihren sprachlichen Ausdruck. Das »Hauptwort« eines Satzes ist das Verb und nicht ein Substantiv. Das Substantiv ist eher der ruhende Pol des Satzes.

- Ihr Stil sei anschaulich.

Bringen Sie Metaphern und Vergleiche (doch bereiten Sie sie vor, sonst »hinken« sie). Übertreiben Sie aber nicht, denn eine Rede ist keine Dichtung. Blumenreiche Lyrismen wirken schwülstig, wenn Sie zu häufig gebracht werden.

3. Achten Sie auf Ihre Kleidung.

Kleiden Sie sich nicht nachlässig und nicht geckenhaft auffällig, sondern unauffällig schlicht und der Situation entsprechend.

Die Durchführung der Rede.

1. Betrachten Sie Lampenfieber nicht als Katastrophe.

Selbst Cicero hatte vor jeder Rede Lampenfieber: »Gerade wer am besten reden kann, fürchtet am meisten die Schwierigkeiten des Redens und den schwankenden Erfolg einer Rede und die Erwartung der Zuhörer. Immer bin ich am Anfang einer Rede sehr ängstlich; jedesmal wenn ich spreche, komme ich mir vor, als käme ich vor Gericht (Cicero).«

Die antiken Lehrer der Rede waren sogar der Ansicht, daß der Redende zu Beginn Zeichen der Unsicherheit und Nervosität geben solle.

a) Überwinden Sie Ihre Angst:

- durch gute Vorbereitung (dann *kann* nichts schiefgehen!).
- durch Autosuggestion (sagen Sie sich, sich auf sich selbst und nicht auf die Rede konzentrierend: »Ich bin ganz ruhig!« Nicht aber zerstreut: »Ich will endlich ruhig sein!«).
- Konzentrieren Sie sich unmittelbar vor Ihrer Rede auf etwas anderes (auf Ihre Atmung, auf Ihre Umgebung ...).
- Atmen Sie ruhig und tief (Zwerchfellatmung).
- Entspannen Sie Ihre Muskeln (vor allem Ihre Gesichtsmuskulatur – wenn sich die Zähne berühren, sind Sie sicher nicht entspannt –, Ihre Schulter- und Armmuskulatur). **Wiederholen Sie solche Entspannungsübungen während der Rede!**

Stehen Sie am Podium, legen Sie erst einmal eine Pause von einigen Sekunden ein, in der Sie ruhig und tief atmen (und an nichts anderes denken).

- Nehmen Sie *sofort* Blickkontakt mit Ihrem Publikum auf (nicht aufs Manuskript, nicht auf die gegenüberliegende Wand schauen).
- Beginnen Sie Ihre Rede in stimmlicher Indifferenzlage (d. i. die Stimmlage, in der Sie normalerweise sprechen). Vermeiden Sie vor allem eine höhere Stimmlage als die normale.
- Sprechen Sie zu Anfang etwas langsamer (nicht stokkend oder schleppend) und etwas leiser (nicht unverständlich) als normal.

b) Bereiten Sie die Anrede vor — und halten Sie sich an die vorbereitete Anrede. Benutzen Sie Formeln wie: »Meine Damen und Herrn«, »Meine sehr verehrten Damen, meine Herrn«, »Liebe Freunde (Kollegen, Kommilitonen ...)«.

Überlegen Sie sich, ob die Anrede eher vertraulich oder unpersönlich sein soll, eher »ehrfürchtig« oder kollegial.

Sprechen Sie zu prominentem Publikum, begrüßen Sie die Honoratioren mit ihren Titeln (nicht übertreiben, niemanden auslassen!).

Vermeiden Sie Anreden wie: »Werte Damen und Herrn«, »Werte Anwesende«, »Hochverehrte Festversammlung« ... Solche Anreden schaffen Distanz (und keinen Kontakt, den Sie doch wünschen).

c) Beginnen Sie niemals mit einer Entschuldigung oder einem »Wenn-Satz«. Erwähnen Sie also nicht eine eventuelle Indisposition.

Vermeiden Sie, darauf zu verweisen, daß Ihnen keine zureichende Zeit zur Vorbreitung zur Verfügung stand.

Vermeiden Sie Floskeln wie: »Wenn ich heute vor Ihnen

das Wort ergreife ...«, »Wenn ich nach den Worten meiner Vorredner noch zu Ihnen spreche ...«, »Wenn ich im folgenden den Versuch mache ...«, »Wenn ich vor diesem erlauchten Publikum sprechen soll, ...« ...

2. Seien Sie vorsichtig mit einer einleitenden »Captatio benevolentiae«.

a) Vermeiden Sie abgegriffene Formeln oder Plattitüden, wie: »Ich freue mich, daß Sie so zahlreich gekommen sind!«, »Ich danke Ihnen, daß Sie den langen Weg nicht gescheut haben ...«

b) Haben Sie keine gute, treffende und *unauffällige* Captatio benevolentiae bereit, verzichten Sie darauf, eine zu formulieren.

3. Beschließen Sie die Einleitung mit der Nennung des Themas und kündigen Sie die Punkte an, über die Sie hauptsächlich sprechen werden (Gliederung).
Die Einleitung sei kurz!

4. Eröffnen Sie den Hauptteil geschickt.

a) Eröffnungen, die mit allgemeinen Betrachtungen oder historischen Rückblicken beginnen, sind meist langweilend.

b) Beginnen Sie also etwa mit der Darstellung

- eines konkreten Vorfalls (Anekdote),
- einer unbestreitbaren Wahrheit,
- einer Verbindung mit Wohnort, Berufsstand, Interesse ... der Zuhörer.
- eines markanten Diktums (»Die gegenwärtige Fiskalpolitik ist der Ruin der freien Wirtschaft« ...)
- einer interessanten Tatsache (»Wissen Sie, daß in 17 Ländern die Sklaverei noch gesetzlich zugelassen ist?« ...)

c) Vermeiden Sie einen matten Anfang (langweilt),
einen läppischen Anfang (verärgert),
einen polternden oder sentimentalen Anfang (stößt ab).

5. Achten Sie auf Ihren körperlichen Ausdruck und Ihre Haltung.

a) Seien Sie sparsam im Gestus (einstudierte, gelernte Gesten wirken nicht, es sei denn theatralisch-lächerlich). Sprechen Sie lebhaft und temperamentvoll, machen Sie die Gesten, die Sie auch im Gespräch machen würden. **Eine Rede ist kein Theatermonolog!**

b) Verstecken Sie nicht Ihre Hände. Sprechen Sie hinter einem Pult, legen Sie sie (und nicht Ihre Arme!) *locker* auf. Sprechen Sie ohne Pult (treten Sie etwa neben das Pult oder gehen Sie auf und ab), lassen Sie die Hände locker herunterhängen (aber nicht baumeln). In dieser Sprechsituation sind Gesten nützlich. Legen Sie niemals Ihre Hände auf den Rücken, stecken Sie niemals beide Hände in die Hosen- oder Jackentaschen (allenfalls eine — dann aber nicht zu lange). Falten Sie niemals Ihre Hände (es sei denn als Gestus), das verkrampft. Kreuzen Sie niemals die Arme, das wirkt arrogant und schafft Distanz.

c) Wenn Sie gestisch sprechen, dann beachten Sie folgende elementare Regeln:

- Der Gestus (der Hand) spricht erst etwa ab dem Hüftgelenk. Was Sie darunter treiben, wirkt komisch.
- Beim Gestus wird stets auch der Oberarm mitbewegt (also niemals an den Körper pressen).
- Der normale Gestus wird mit einer Hand geführt (Doppelgesten als besonders starker Ausdruck sollten seltener verwendet werden).

- Vermeiden Sie Sprechrhythmusgesten (Bewegen der Hände und Arme im Sprechrhythmus). Ausnahme: »Einpauken«!
- Die Finger bleiben normalerweise geschlossen, der Daumen wird weder angelegt noch besonders abgespreizt.
- Die Hand bleibt im Regelfall geöffnet (Ballen zur Faust nur bei Drohen, Einbläuen, Demonstration von Energie, Protest ...).
- Vermeiden Sie Zeigefingergesten aufs Publikum zu (wirken aggressiv), ebenso den Gestus des »erhobenen Zeigefingers« (wirkt belehrend).
- Der Gestus kommt zur Ruhe, noch ehe das Wort oder der Satz, den er unterstreichen soll, gesprochen wird. **Gesten gehen Worten voraus!**
- Bei weiten und hohen (ausladenden Gesten) sollten Sie den Blick in Richtung des Gestus lenken (niemals aber in Gegenrichtung schauen oder die Hand anschauen, es sei denn, Sie wollen mimisch und gestisch etwas Imaginäres vorstellen, das Sie in der Hand haben).
- **Die gestische Bewegung sei nicht hastig in Auf- oder Abbau.** Hastige Gesten wirken gestikulierend.

d) Fühlen Sie sich zureichend sicher und werden Sie nicht durch Mikrophone daran gehindert, treten Sie ruhig eine Zeitlang neben das Podium.

e) Wollen Sie schon beim Reden auf- und abgehen, beachten Sie:

- gehen Sie langsam,
- verweilen Sie längere Zeit an einem Punkt (auf jeden Fall am Wendepunkt),
- stellen Sie häufig den Blickkontakt zum Publikum her,

- falten Sie nicht die Hände auf dem Rücken
- senken Sie nicht für längere Zeit den Blick,
- wenden Sie nicht längere Zeit dem Publikum den Rükken zu,
- achten Sie besonders darauf, daß Ihr sprachlicher Ausdruck nicht monoton wird.

f) Zeigen Sie ein freundliches Gesicht. Bleiben Sie mimisch sparsam!

g) Entspannen Sie sich häufig.

6. Stellen Sie eine dialogische Stimmung her.

Eine Rede ist kein Monolog, sondern ein Dialog.

a) Beachten Sie die Reaktionen des Publikums (wie im Gespräch).

Stellen Sie sich darauf ein: Ist das Publikum an einer Frage besonders interessiert, bleiben Sie längere Zeit dabei als vielleicht geplant. Zeigt das Publikum Anzeichen von Langeweile (Unruhe, Hüsteln, Wegblicken ...), schieben Sie eine Erzählung ein, werden Sie konkreter ... Ist alles dies Ihnen nicht möglich, behandeln Sie diesen Punkt kürzer als geplant.

b) Werden Sie gestört (Gähnen, Flüstern, Zeitunglesen, Männchenmalen ...) lassen Sie sich nicht aus der Ruhe bringen (Anfänger geraten leicht ins Schwimmen). Schauen Sie den Störer freundlich an, als wenn Sie nur zu ihm sprechen würden. Nur im Notfall das Schulmeisterrezept verwenden: Pause, bis Störung von selbst aufhört.

(Nicht gezielte) Störungen zeigen an, daß Sie den dialogischen Kontakt mit dem Publikum verloren haben. Stellen Sie ihn wieder her:

Anschaulicher und ausdrucksvoller sprechen.

Erlebnisschilderung einstreuen. Anekdote erzählen.
Das Publikum bei seinen Interessen ansprechen.

c) Nehmen Sie die Einwände des Publikums auf.

Kaum jemals werden alle Ihre Zuhörer keine Einwände gegen das von Ihnen Gesagte haben.

Formulieren Sie den Einwand, nennen Sie die Gründe, die für ihn sprechen, und versuchen Sie ihn über den Aufweis der Fadenscheinigkeit der Gründe zu entkräften. Ein (nicht ganz fairer und mitunter gefährlicher) Trick kann u. U. helfen: Beweisen Sie die Richtigkeit der Gegenposition schwach und widerlegen Sie sie stark.

Lassen Sie niemals den Eindruck entstehen, als nähmen Sie Publikumseinwände nicht ernst.

Werden die Einwände artikuliert (Zwischenrufe), gehen Sie *kurz* darauf ein, oder behandeln Sie sie nach vorgelegtem Schema (vgl. Seite 153).

Die Regel: »Humorige Einwände sollten ernst aufgegriffen, ernste humorig abgetan werden«, ist im allgemeinen falsch (das »Rezept« gilt allenfalls für die Debatte).

7. Sprechen Sie überzeugend.

Wenn Sie überzeugen wollen, müssen Sie überzeugend sprechen.

a) Beherrschen Sie den Stoff.

Allgemein gilt die Regel, daß Sie wenigstens das Doppelte zum Thema zu sagen wissen, als Sie sagen wollen.

b) Gliedern Sie klar.

Sie können die einzelnen Punkte der eingangs genannten Gliederung durchaus während der Rede wiederholen. Vermeiden Sie aber Redewendungen wie: »Ich komme jetzt zu Punkt drei.« Die Ankündigung geschieht durch Nennen des

Punkts und des darunter zu behandelnden Themas. Also etwa: »Drittens: Die Manipulation durch unvollständige Information.«

Der Zuhörer muß jeder Zeit wissen, an welcher Stelle Ihres Vortrages gemäß der angekündigten Gliederung Sie sich befinden.

c) Unterscheiden Sie klar zwischen These und Argument. Beginnen Sie mit dem Teil der Einheit (Argument-These), der vom Publikum am ehesten akzeptiert wird. Finden Sie die Identifikation mit den Überzeugungen des Publikums leichter über ihre Gründe (für Ihre These), nennen Sie zu erst die Gründe (den am leichtesten zu akzeptierenden zuerst nennen), vor allem, wenn Ihre Schlußfolgerung für das Publikum überraschend sein könnte.

Im allgemeinen sollten Sie jedoch Ihre These der Begründung voranstellen.

d) Wenden Sie sich (wenigstens ab und zu) an das Gefühl Ihrer Hörer. Jede »Masse« hat weit mehr Gefühl als Verstand. Vor allem bei großem Zuhörerkreis tritt der Verstand des Einzelnen hinter dem Gefühl der Menge zurück. »Die Menge will weder Logik noch Statistik, weder bekannte Namen noch neue Kenntnisse. Sie will in Bewegung gebracht werden und ergibt sich jedem willenlos, der dies vermag (Reiners).«

Diese Behauptung ist zwar i. a. übertrieben, doch hat sie auch einiges für sich: Oft genug wollen Zuhörer nicht primär informiert, sondern motiviert oder geistvoll unterhalten werden.

e) Berichten Sie nicht nur, sondern urteilen Sie auch.

Die weitaus meisten Ihrer Zuhörer sind noch nicht in der

Lage, Wertungen von Fakten deutlich zu unterscheiden. Ein nicht bewertetes Faktum gehört ins Referat, nicht in die Rede. Formeln wie: »Es ist ein Glück, daß . . .«, »Es ist ein Unglück, daß . . .«, geben Ihrer Rede Leben, selbst wenn Sie Widerspruch wecken.
Eine motivierende, zur Aktion auffordernde Rede, kann so aufgebaut werden:

1. Man zeigt, was man verkehrt findet.
2. Man zeigt Wege auf, diese Verkehrungen zu beseitigen.
3. Man appelliert an die Mithilfe der Hörer.

Die Menge liebt Urteile. Sollte Ihres von dem der Menge abweichen, müssen Sie behutsam vorgehen (keine provozierenden Formulierungen, anfangs abschwächen »Ich möchte meinen . . .«), bis Sie merken, daß Ihre Hörer Ihnen folgen.
Die Menge liebt den Tadel Abwesender mehr als das Lob.
Wenn Sie eine Meinung zerreißen, verspürt die Menge Überlegenheitsgefühle. Der Angriff bringt eher Beifall als die Verteidigung.
Die Menge liebt Vereinfachungen.
Schützen Sie also Ihre Meinung nicht nach jeder Hinsicht ab.
Wiederholen Sie das, worauf es Ihnen ankommt (oft mit den gleichen Worten). Cato soll alle seine Reden mit der Formel beschlossen haben: »Im übrigen bin ich der Meinung, daß Carthago zerstört werden muß.« Er stimmte so seine Römer auf den dritten Punischen Krieg ein, der zur Zerstörung Karthagos führte.
f) Variieren Sie im stimmlichen Ausdruck.

Im dialogischen Gespräch ist die Ausdrucksvariation erhebliches Überzeugungsmittel.
Man unterscheidet drei Ausdrucksvariationen:
laut — leise (dynamischer Akzent, Stärkeakzent),
hoch — tief (melodischer Akzent),
schnell — langsam (temporaler Akzent). Hierher gehört auch die Pause.

Wenn Sie Ihren Ausdruck nicht wechseln, wirkt das Gesagte monoton (so als leisteten Sie mit Ihrer Rede eine Pflichtübung ab, ohne selbst von der Richtigkeit des Gesagten überzeugt zu sein). **Monotonie ist der Tod jeder Rede.**

Sie können das, was Sie besonders hervorheben wollen:

- leiser,
- höher,
- langsamer

sprechen. Vor allem aber sollten Sie vor dem besonders hervorzuhebenden Wort oder Satz eine Pause machen. Eine Pause von 2 bis 3 Sekunden hinter *jedem* Satz im normalen (nicht speziell engagierten) Redefluß kann Wunder wirken.

Überwinden Sie Ihre Angst vor Pausen.

Im Gespräch sind Pausen von einigen Sekunden durchaus üblich. Warum nicht auch in der Rede?

Im Gespräch können längere Pausen peinlich wirken. In der Rede selten.

8. Bereiten Sie den Schluß der Rede besonders gründlich vor.

Der Hörer soll wissen, wenn Sie zum Schluß kommen, ohne daß sie ihn eigens ankündigen.

a) Der Redeschluß soll das Redeziel erreichen. Das Redeziel (der Redezweck) bestimmt die Auswahl Ihrer Fakten, Wertungen, Argumente ... Also muß das Ziel zu Ende klar von allen Zuhörern verstanden werden.

b) An den Schluß gehören besonders einprägsame Formulierungen.

c) Die Schlußstimmung wird erreicht durch besondere Verdichtung und Intensität der Ausführung.

d) Sie können auch die Schlußstimmung mit einer *kurzen* Zusammenfassung erzeugen, die konzentriert um den Zielpunkt der Rede kreist.

e) Wenn Sie — weniger gut — den Schluß eigens ankündigen (»Ich komme jetzt zum Schluß«), stehen Ihnen nur noch höchstens zwei Minuten Redezeit zu. In diese Zeit gehört nicht die Zusammenfassung, sondern allenfalls ein Appell, eine besonders kräftige und konzentrierte Darstellung des Redeziels.

f) Der letzte Satz der Rede sei ein einprägsamer Hauptsatz (der das Redeziel beinhaltet) oder eine kurze Aufforderung zum Handeln. Vielleicht gar ein »schlagendes Wort«.

g) Sprechen Sie zu einem relativ kleinen Publikum, können Sie enden mit: »Ich danke Ihnen, meine Damen und Herrn.« Vor Massen sollten Sie diese Formel nie verwenden.

9. Seien Sie geschickt in einer eventuell abschließenden Diskussion (Debatte).

a) Lassen Sie die abschließende Diskussion zuvor vom Einführenden ankündigen.

b) Bei Reden zu großen Massen sind Anschlußdiskussionen nicht angebracht.

c) Da Überzeugungsreden nicht länger als 45 Minuten dauern sollten (60 Minuten sind absolute Höchstzeit), kann sich die Diskussion unmittelbar an die Rede anschließen. Die Pausenzeit sollte nur dann 2—3 Minuten überschreiten, wenn eine Mehrzahl von Hörern nicht mehr bleiben kann.

d) Die Diskussion sollte zu Anfang zeitlich begrenzt werden.

e) Bei größeren Hörerzahlen, sollte man die Diskussion nicht selbst leiten (Grenze etwa 60 Personen), sondern einem erfahrenen Leiter die Ordnung der Diskussion übertragen (besser jedoch kein Leiter als ein ungeschickter!).

f) Sie können folgende Methoden wählen:

- Die Diskussionsbeiträge oder -fragen werden in der Pause von den Hörern schriftlich fixiert (Zettel bereithalten!), vom Redner geordnet und erwidert bzw. beantwortet.

- Der Leiter sammelt und ordnet Beiträge und Fragen, die mündlich gestellt werden, und stellt dem Redner Fragen bzw. legt ihm Einwände aus dem geordneten Material vor. (Leiter muß geschult sein!)

- Der Leiter stellt zunächst einen Punkt Ihrer Ausführungen zur Diskussion (vorher absprechen!), führt eine »Rednerliste«, erteilt das Wort, und Sie antworten von Beitrag zu Beitrag. Liegen keine Wortmeldungen zum angegebenen Punkt vor, geht der Leiter zum folgenden . . .

- Der Leiter führt eine »Rednerliste« und erteilt das Wort in der Reihenfolge der Wortmeldungen. Diese Methode ist nur bei Diskussionen in kleinen Gruppen anzuraten (etwa bis 30 Personen) — und auch nur dann, wenn vor allem Verständnisfragen zu erwarten stehen.

- Wie zuvor, nur übernehmen Sie selbst die Aufgaben des Leiters.
- Kommt die von Ihnen gewünschte Diskussion nicht in Gang, stellen Sie selbst Fragen ans Publikum (keine Verständnisfragen, sondern zunächst leicht zu beantwortende Fragen, die den Ausdruck einer Gegenmeinung evozieren). Diese Taktik will allerdings geübt sein, da Sie andernfalls ein verschrecktes Publikum vor sich haben werden. (Fragen vorbereiten!)

Die Auswahl der Methode soll sich nach der Anzahl der Hörer und nach der zu erwartenden Kritik (nach Inhalt und Form) richten.

g) Der Leiter soll Dauerredner (nach Art von Korreferenten) unterbrechen. Unter Umständen ist es angebracht, die Dauer der Beiträge zeitlich zu begrenzen (Begrenzung vorher ankündigen!).

h) Beantworten Sie die Beiträge so kurz als möglich. Auf keinen Fall sollten Sie ein Kurzreferat halten.

i) Lassen Sie für jede Wortmeldung nur *eine* Frage zu (vor der Diskussion ankündigen). Nachfragen können eventuell gestattet werden.

k) Achten Sie darauf, daß Sie bei der Beantwortung des letzten Beitrages noch einmal wirkungsvoll Ihr Redeziel formulieren.

Literatur: L. Reiners, Die Kunst der Rede und des Gesprächs, Bern und München (Dalp-Taschenbücher 319) [3]1959. E. Rudolph, Frei reden und überzeugen, München (List-Taschenbücher 327) 1967.
Beiden Abhandlungen entnahmen wir zahlreiche Anregungen.

Kaum eine andere Form der dialektischen Auseinandersetzung fordert so viel Übung ein wie Meinungs- oder Überzeugungsrede. Kontrolliert und eventuell trainiert werden müssen:

- die Modulation der Stimme (Veränderung von Sprechgeschwindigkeit, Lautstärke, Tonhöhe, Stimmschärfe, Pausen...),
- die Satzakzente (jeder Haupt- und Nebensatz hat wenigstens ein zentrales Wort, um das er sich organisiert; dieses muß deutlich hervorgehoben werden, sonst wird die Sprache wenig lebendig),
- der aktive Wortschatz (soll wenigstens so gut entfaltet sein, daß es nicht zu Codierungsschwierigkeiten kommt),
- die Artikulation (der Konsonanten und Vokale muß eine leichte Verständlichkeit der Rede ermöglichen),
- das Sprechdenken (soll so entwickelt sein, daß der nächste Satz während des Sprechens des vorhergehenden schon organisiert werden kann — das ist *die* Voraussetzung der freien Rede),
- das Mit- bzw. Zu-Sprechen (müssen technisch beherrscht werden, um eine möglichst gute Einstellung auf das Publikum zu erreichen und dem Redeziel gerecht zu werden; das Über-ein-Thema-Sprechen muß stets vermieden werden),
- der somatische Ausdruck (Haltung, Gestik, Mimik muß dem Inhalt und der Redesituation optimal entsprechen),
- emotionales Aus-sich-Herausgehen (denn emotional blockiertes Sprechen bleibt oft wirkungslos),
- die Atmung (sollte ruhig und tief sein, denn flache Angstatmung überträgt Unsicherheit und Unruhe auch auf die Hörer).

Hier einige Trainingsprogramme:

1. *Lesen mit Nacherzählen*

a) Training richtiger Satzakzente:
Lesen Sie zunächst einen beliebigen Text leise und suchen Sie die zentralen Worte der Haupt- und Nebensätze. Markieren Sie diese mit einem Akzent. Lesen Sie dann den Text mit Herausarbeitung der Satzakzente. Sprechen Sie dann den Text mit eigenen Worten nach. Den zweiten und dritten Übungsschritt sollten Sie auf Tonträger aufnehmen, um sich kontrollieren zu können.

b) Training des Gedächtnisses und des Konzentrationsvermögens:
Lesen Sie zunächst laut einen Text von etwa 3 Zeilen. Versuchen Sie ihn möglichst wörtlich wiederzugeben. Haben Sie Erfolg, dehnen Sie den Text (etwa bis zu einer halben Druckseite). Auch diese Übung sollten Sie auf Tonträger aufnehmen, um sich hinterher kontrollieren zu können.

c) Training des Wortschatzes:
Lesen Sie einen Text guter deutscher Prosa laut. Geben Sie ihn dann mit eigenen Worten wieder – wobei Sie darauf achten, die Ihnen weniger geläufigen Worte des gelesenen Textes zu verwenden. Das Ganze wieder zur Kontrolle auf Tonträger.

2. Die freie Nacherzählung

Wahrscheinlich haben Sie Nacherzählungen vom Fremdsprachenunterricht Ihrer Schule her in (schlechter) Erinnerung. *Eine Nacherzählung ist die Wiederholung einer Geschichte mit eigenen Worten.* Sollten Sie Kinder haben, ist Ihnen die Technik der Nacherzählung geläufig (wenn Sie etwa ein Märchen nacherzählen).
Ziel der Nacherzählung:
1. Erweiterung des aktiven Wortschatzes,
2. Training des Sprech-Denkens.
Versuchen Sie also:
1. Einen Prosatext (mit einiger Handlung) laut zu lesen. (Auch lautes Lesen will geübt sein. Lesen Sie so, als ob Sie jemandem etwas vorläsen, d. h. modulieren Sie Ihre Stimme, werden Sie dialogisch, lesen Sie nicht Wort für Wort, sondern Satzeinheiten. Denken Sie daran: *Viele Erwachsene haben das Vorlesen verlernt.)*
2. Nach einiger Zeit *möglichst interessant* das Gelesene *mit eigenen Worten* wiederzugeben. Durch das »möglichst interessant« schulen Sie Ihre rhetorischen Fähigkeiten, denn es gelingt nur, wenn
– sich Gesagtes und Ausdruck entsprechen,
– Sie kurze Sätze bilden,
– Sie eine dialogische Situation schaffen.
Haben Sie Kinder, die dem Märchenalter entwachsen, selbst aber noch nicht leicht lesen können, werden Sie ein kritisches und dankbares Publikum finden. Wenn nicht, üben Sie mit einem Tonträger als Partner – und prüfen Sie das Erzählte, ob es für die »Zielgruppe«, die Sie sich vorstellten, auch interessant erzählt wurde.
3. Kontrollieren Sie nebenher Ihre Atmung (Zwerchfellatmung) und das Spektrum Ihres Wortschatzes; kontrollieren Sie sich auf »Ähs« und andere schlechte Sprachgewohnheiten.
4. Eine Nacherzählung sollte nicht länger als 3 bis 5 Minuten dauern.

3. Die Bildbeschreibung

Auch die Bildbeschreibung dürften Sie von der Schule her kennen. Sind Ihnen die fünf Grundbegriffspaare E. Wölfflins (1831–1908) (linearisch – malerisch, Fläche – Tiefe, . . .) bekannt, um so besser.

Ziel der Bildbeschreibung:

1. Training des Sprechdenkens,
2. Erweiterung des aktiven Wortschatzes,
3. Artikulation von Emotionen.

1. Wählen Sie ein Bild (eine Zeichnung, ein Photo), das Ihnen »etwas sagt«.
2. Berichten Sie, was Sie sehen.
3. Versuchen Sie zu verbalisieren, was Sie fühlen.

Wählen Sie Partner (Ehepartner, ältere Kinder), die mit Ihnen zusammen üben und Ihren Ausdruck und Inhalt kontrollieren. Vor allem dürfte es Ihnen nicht leicht sein, Ihre Gefühle wiederzugeben. *Die meisten Erwachsenen haben es verlernt, Ihre Gefühle kontrolliert verbal auszudrücken.* Sie üben zudem die Fähigkeit, *Emotionen zu produzieren* und auszudrücken.

Beherrschen Sie die Bilderzählung einigermaßen, können Sie zur Erzählung von »Musik« übergehen.

Ihre Beschreibung ist zureichend gut, wenn eine Person, die das Bild (Musikwerk) kennt, weiß, wovon Sie sprechen, ohne es zu sehen (zu hören).

Die Bildbeschreibung trainiert zudem Ihr Vermögen, sich in Situationen einzufühlen.

Auch diese Fähigkeit ist nicht selten verkümmert. Viele Erwachsene setzen voraus, daß Ihre Zuhörer, wenn sie nicht sehr deutliche emotionale Ausdrücke zeigen (Wut, Zorn, Langeweile, Zuneigung, Abneigung . . .), ähnlich emotional gestimmt sind, wie sie selbst. Das ist in der Regel falsch. Damit agieren und reagieren Sie falsch und können kaum überzeugen.

Besonders schwierig ist es, sich über Gruppenemotionen zu sensibilisieren. Das können Sie zwar nicht durch Bildbeschreibungen erreichen (dazu müssen Sie sich oft fragen: »Was fühlt die Gruppe, zu der ich spreche?« — Die Kontrolle über die Richtigkeit Ihrer Interpretation können Sie durch geschulten Sinn fürs feed-back erreichen.).

Bemühen Sie sich um »treffende Ausdrücke«.
Bemühen Sie sich um kurze Sätze.
Kontrollieren Sie Ihre Atmung.
Trainieren Sie wirkungsvolle Schlußsätze.

4. *Die Personenbeschreibung*

Beschreiben Sie nun keine Bilder, sondern konkrete Menschen. Dabei achten Sie nicht so sehr auf die Beschreibung des Äußeren, sondern

versuchen, einen Menschen in »seinem Wesen« zu verstehen und beschreiben ihn dann in einer für ihn typischen Umwelt mit ihm typischen Reaktionen, Handlungen, Interaktionsangeboten ...
Sprechen Sie die Beschreibung auf Tonträger und spielen Sie sie einem Menschen vor, der den Beschriebenen auch kennt. Wird der Beschriebene identifiziert, waren Sie zureichend genau. Feilen Sie nun an Ihrem Stil und kürzen Sie die Geschichte aufs Wesentliche.
Sie können auch umgekehrt zunächst eine Landschaft, eine Straße, ein Zimmer, ein Haus ... beschreiben, in dem Sie eine Person etwas tun lassen. Führt Ihre Ortsbeschreibung zu einer Identifizierung des Ortes etwa durch Ihren Partner, haben Sie gut beschrieben. Verfahren Sie dann wie bei der vorigen Übung.

5. *Die Reportage*

Eine Reportage ist ein Bericht über Beobachtungen oder Erlebnisse.
In jeder guten Rede sind Reportageelemente enthalten.
Das Ziel einer Reportage:
1. Erfassen des Wesentlichen einer Beobachtung oder eines Erlebnisses.
2. Packende Darstellung.
Versuchen Sie also:
1. Geschlossene Beobachtungen und Erlebnisse zu sammeln (geschlossen ist eine Beobachtung, wenn zu Ihrer Darstellung nicht ein Rückgriff auf Vorhergegangenes oder eine Darstellung weiterer Beobachtungen ... zum Verständnis nötig ist).
Sammeln Sie (und notieren Sie in Stichworten) interessante und nicht alltägliche Erlebnisse, die Sie gegebenenfalls berichten oder in Reden einbauen können. Sammeln Sie nur Originelles, Außergewöhnliches. Üben können Sie jedoch die Technik der Reportage auch an ganz trivialen Ereignissen und Erlebnissen des Alltags.
2. Eine Reportage ist nur dann gut, wenn sie so vollständig wie nötig und so kurz wie möglich gegeben wird. *Nur eine kurze Reportage ist eine gute Reportage.*
3. Zu einer Reportage gehören die *Angabe* des Ortes (Wo?), der Zeit (Wann?«), der beteiligten Personen (Wer?), der *Bericht* des Geschehens (Was?), der Gründe (Warum?), des Verlaufs (Wie?).
4. Eine Reportage zu geben, die diesen Bedingungen genügt. Nehmen Sie sie auf Band auf und überprüfen Sie:
— welche Sätze sind überflüssig,
— welche Sätze sind zu lang,
— welche Elemente fehlen,

— steigert sich die Spannung (kürzere Sätze, Konzentration der Information)?,
— hat sie ein überraschendes Ende (besonders gute Reportagen haben eines)?.
Wiederholen Sie den Bericht, bis Sie ihn optimal beherrschen.
5. Nicht nur zu informieren, sondern auch Emotionen zu wecken. Sie müssen also besonders lebendig und emotional engagiert sprechen. Vor den Augen Ihrer Zuhörer muß das Ereignis sich wieder neu ereignen.
Obschon die meisten Sportreportagen eher einem unsinnigen Gestammel voller Plattitüden ähneln, können Sie aus guten Reportagen (in Funk und Fernsehen) manches lernen. Kritisieren Sie Reportagen! Gelingt es der Rundfunkreportage, Sie das Ereignis »sehen« zu lassen? Gelingt es der Fernsehreportage, Sie das Ereignis miterleben (»mitfühlen«) zu lassen? Wie hat das der Reporter gemacht, welche technischen und sprachlichen Möglichkeiten hat er eingesetzt? Was hat er falsch gemacht? Wie hat er den Eindruck des Nacherlebens abgeschwächt? ...
Die Reportage ist Ihnen als Erlebnisbericht durchaus geläufig.
Der Diavortrag über Ihre Ferien sollte eine Reportage sein.
Der Bericht über einen Ausflug, eine Reise, einen Verwandtenbesuch ... sollte eine Reportage (und kein Referat) sein.
Üben Sie den reportierenden Bericht im Alltag — Sie werden an der Reaktion Ihrer Zuhörer merken, ob es Ihnen gelungen ist, sie zu interessieren.

6. Der Kommentar
Ein Kommentar ist eine erklärende Erläuterung von Daten oder Fakten.
Ein Kommentar *wertet immer:* durch Auswahl der Fakten, durch Zusammenstellung von Daten, durch ausgesprochene Wertungen.
Ausgesprochene Wertungen sind immer scharf von Sachberichten abzuheben.
Im Kommentar sagen Sie *Ihre* Meinung (Interpretation) zu oder über Fakten.
Der Kommentar hat folgende Funktion:
1. Ein Faktum »schmackhaft« zu machen.
2. Die Kritikfähigkeit der Hörer zu schulen.
3. Oft will ein Kommentar auch verschleiern, ablenken von Wichtigerem, Verhalten beeinflussen, eine bestimmte Interpretation als die einzig mögliche (vernünftige, praktikable ...) vorstellen.

Das Übungskommentieren hat das Ziel:

1. Die Legierung von Bericht und Wertung zu üben. (Wichtig für jede Rede!)
2. Ihre Kritikfähigkeit gegenüber Fremdkommentaren zu stärken.
3. Ihre Fähigkeit zum Sprechdenken zu trainieren. (Sicher dienen auch die vorgenannten Übungen dazu, doch ist der Kommentar besonders geeignet, zu erfahren, wie das Sprechen das Denken und das Denken das Sprechen anregt.)

Der Kommentar ist so gut wie seine Akzeptation durch die Zuhörer (daher ist für diese dialektische Übung ein Publikum sehr erwünscht – notfalls können Sie sich auch mit dem Pseudopublikum »Bandaufzeichnung« begnügen, dann, wenn Sie selbst sich gegenüber kritisch genug sind, zu beurteilen, ob das abgehört Gesprochene tatsächlich publikumswirksam ist).

Versuchen Sie also:

1. Ein Sie interessierendes Faktum (zu entnehmen aus Tageszeitung, Fachzeitschrift, der Alltagserfahrung) zu kommentieren, indem Sie
   – das Faktum darstellen,
   – überzeugend Ihre Ansicht dazu vorlegen,
2. einen Kommentar (aus Tageszeitung ...) kritisch zu analysieren, indem Sie
   – feststellen, welches zentrale Faktum genannt wird,
   – mit welchen anderen Daten es verbunden wird,
   – feststellen, welche Sätze Bericht und Meinung vorstellen (unterstreichen Sie die kommentierenden Sätze, Nebensätze, *Adjektive*),
   – Ihre Meinung zu demselben Faktum auf Band (oder zu einem – geduldigen – Publikum) sprechen.
   – die beiden Kommentare auf Ihre Überzeugungskraft hin überprüfen,
   – die Gründe herauszufinden versuchen, warum der eine Kommentar überzeugender wirkt als der andere.

Der Kommentar ist ein wichtiger Bestandteil der Rede, insofern Sie immer auch werten (be-, verurteilen ...) soll.

7. Die 5-Satz-Rede

Beherrschen Sie die vorgenannten Redeelemente, können Sie sich an Kurzreden wagen. Die kürzeste ist die 5-Satz-Rede. Sie besteht aus fünf zentralen Sätzen.

1. Dem Thema. Es soll möglichst interessant formuliert werden. Spannung erzeugen.

2. Vorlage einer Tatsache (keiner Behauptung, keiner Meinung, keiner Hypothese ...).
3. Was aus der Tatsache folgt.
4. Zwei Folgerungen, die aus der Tatsachenfolge herzuleiten (zu entwickeln) (»Teilzwecksätze«) sind.
Jetzt eliminieren Sie einen dieser Teilzwecksätze. Das kann dialektisch (These-Antithese-Synthese), erörternd (für und wider), emotional, in Kette geschehen (Abfolge von Konsequenzen aus einer Alternative mit steigender Überzeugungskraft).
5. Ihr Zielsatz (Zwecksatz, Fazit). Er soll Ihr Publikum veranlassen, sich für oder gegen eine bestimmte Ansicht zu entscheiden, eine bestimmte Aktion zu tun oder zu unterlassen ...

Der Zielsatz ist das wesentliche Moment einer Rede.
Alles andere hat sich diesem Ziel zu beugen und sich an ihm zu orientieren.
Arbeiten Sie eine 5-Satz-Rede aus, beginnen Sie mit der Artikulierung des Zwecksatzes (innerhalb des gegebenen Themas).
Dann wählen Sie die Gegenposition, deren Unbrauchbarkeit Sie demonstrieren wollen. Sie muß überzeugend klingen (als Alternative zu Ihrer Position). Zugleich aber achten Sie darauf, daß und wie die Gegenposition abgewiesen werden kann.
Von hierher wählen Sie das zu berichtende Faktum (mit seiner Folge) sorgfältig aus.
Es muß folgende Bedingungen erfüllen:
— Die Teilzwecksätze müssen sich aus ihm entwickeln lassen.
— Es muß überzeugend (und nicht hergeholt oder konstruiert) wirken. Am besten wählen Sie ein Faktum, das allen Zuhörern bekannt und in seiner Faktizität unbestritten ist.
Endlich modifizieren und entfalten Sie das Thema so, daß das Faktum im Rahmen des Themas bleibt.
Bis zur Entwicklung der Teilzwecksätze sollten Sie nüchtern, referierend, logisch überzeugend sprechen.
Bei der Elimination der Gegenposition können Sie Emotionen einsetzen.
Achten Sie darauf, daß der Hörer den *Eindruck* hat, daß die beiden vorgestellten Positionen die einzig möglichen Lösungen des sich aus der Folge ergebenden Problems sind.
Die Wirkung der 5-Satz-Rede beruht z. T. darauf, daß Sie nur zu widerlegen, aber nichts zu beweisen haben. Widerlegungen kom-

men meist besser an als Beweise, da Ihre Zuhörer ihre Aggressivität einsetzen können (und daher emotional stärker engagiert sind).
Arbeiten Sie (sehr kurz!) zu folgenden Themen 5-Satz-Reden aus:
1. Der optimale Führungsstil in meinem Betrieb (Alternativen: Kooperativ-Autoritativ).
2. Was ist Werbung? (Alternativen: vorwiegend Entscheidungshilfe — Manipulation).
3. Mitbestimmung durch Miteigentum.
4. Eigentum an Grund und Boden (Alternative: privat — kommunal).
5. Was bedeutet Demokratie? (Alternative: Parteien- oder Volksdemokratie).
6. Soll Artikel 102 GG abgeschafft werden (»Die Todesstrafe ist abgeschafft«).
7. Bedeutung des Leistungsprinzips in unserer Gesellschaft.
8. Mitbestimmung durch betriebsfremde Organisationen.
Prägen Sie sich die 5 Punkte der Rede ein.
Halten Sie die Rede frei. Sie soll nicht länger als 5 Minuten dauern.
Als wenig geschulter Redner sollten Sie auch längere Reden nach dem Modell der 5-Satz-Rede konzipieren.

Folgendes Schema mag das Gesagte veranschaulichen:

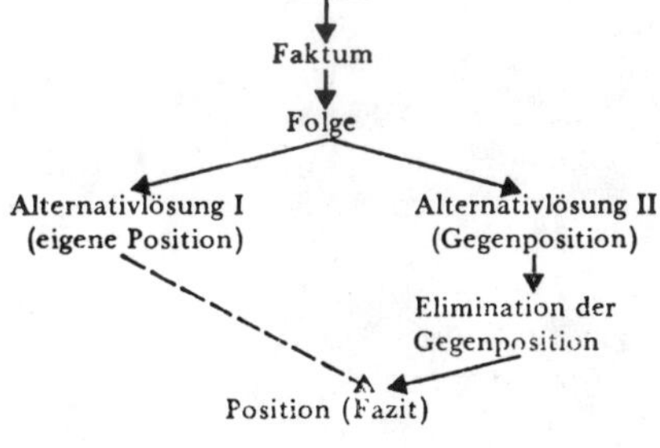

8. Die Rezitation

Ziel der rezitatorischen Übungen ist

- das Training eindeutiger emotionaler Darstellung,
- das Training aktiver Emotionalität,
- das Training der Allgemeinbildung.

Zum Training wählen Sie geeignete Texte aus Dramen oder auch – nach einigem Fortschritt – Gedichte von einiger Aussagekraft. Für Anfänger besonders geeignet sind Shakespeare-Monologe, von denen ich Ihnen hier einige abdrucke.

Ihre Aufgabe besteht darin, sie *ohne alles Pathos* mit einer eindeutig identifizierbaren Emotion besetzt vorzutragen. Der Vortrag ist Ihnen gelungen, wenn ein Partner die ausgedrückte Emotion eindeutig und zweifelsfrei identifiziert. In jedem Fall aber muß er erkennen können, ob es sich um einen emotionalen Ausdruck

- mit sozialem Appell (Drohung, Wut, Haß . . .) oder
- ohne sozialen Appell (Trauer, Nachdenklichkeit, Versonnenheit, Freude . . .)

handelt. Achten Sie darauf, daß nahezu alle emotionalen Ausdrücke sowohl eher privat als auch eher sozial dargestellt werden können.

Am günstigsten wählen Sie sich zwei oder drei aufeinanderfolgende Sinnabschnitte, bedenken zwei oder drei verschiedene Emotionen, die mit dem vorgegebenen Text verträglich sind, und tragen Sie sie dann vor.

Aus »Julius Cäsar« (W. Sakespeare)

Die Totenrede des Marc Anton

Mitbürger, Freunde, Römer, hört mich an!	nachdenklich — trauernd
Begraben will ich Cäsarn, nicht ihn preisen.	feststellend-sachlich
Was Menschen Übles tun, das überlebt sie,	
Das Gute wird mit Ihnen oft begraben.	
So sei es auch mit Cäsarn!	
Der edle Brutus	ironisch
Hat euch gesagt, daß er voll Herrsucht war.	empört
Und war er das, so war's ein schwer Vergehen.	
Und schwer hat Cäsar auch dafür gebüßt.	
Hier mit des Brutus Willen und der andern	sachlich-berichtend
(denn Brutus ist ein ehrenwerter Mann,	zornig
das sind sie alle, alle ehrenwert),	ironisch
Komm ich bei Cäsars Leichenzug zu reden.	arrogant
Er war mein Freund, war mir gerecht und treu.	traurig
Doch Brutus sagt, daß er voll Herrsucht war,	liebend
Und Brutus ist ein ehrenwerter Mann.	drohend
Er brachte viel Gefangne heim nach Rom,	empört
wofür das Lösegeld den Schatz gefüllt.	ironisch
Sah das der Herrsucht wohl am Cäsar gleich?	nachdenklich
Wenn Arme zu ihm schrien, so weinte Cäsar —	eindringlich
Die Herrsucht sollt' aus härtrem Stoff	empört
bestehn,	klagend
Doch Brutus sagt, daß er voll Herrsucht war,	
Und Brutus ist ein ehrenwerter Mann.	
Ich will was Brutus sprach nicht widerlegen.	ironisch
Ich spreche hier von dem nur, was ich weiß.	sachlich
Ihr liebtet all ihn einst nicht ohne Grund —	traurig — nachdenklich
Was für ein Grund wehrt euch, um ihn zu	fragend — bittend
trauern?	

O Urteil, du entflohst zum blöden Vieh!	wütend — zornig
Der Mensch ward unvernünftig!	ärgerlich
Habt Geduld!	drohend
Mein Herz ist in dem Sarge hier beim Cäsar,	traurig
Und ich muß schweigen, bis es mir zurückkommt.	

—.—.—.—.—.—.—.—.—.—.—.—.—.—.—.—.—

Noch gestern hätt umsonst dem Wort des Cäsars
Die Welt sich widersetzt: Nun liegt er da,
Und der Geringste neigt sich nicht vor ihm.

O Bürger, strebt ich Herz und Mut in euch
Zur Wut und zur Empörung zu entflammen,
So tät ich Cassius und Brutus unrecht,
Die ihr als ehrenwerte Männer kennt.

Ich will nicht ihnen Unrecht tun, viel eher
Schon dem Toten, mir und euch
Doch nicht den ehrenvollen Männern, die sie sind.

Hier seht dies Pergament mit Caesars Siegel;
Ich fand's bei ihm, es ist sein letzter Wille.
Vernähm das Volk nun's Testament
— das ich, verzeiht mir, nicht zu lesen denke —
Sie gingen hin und küßten Cäsars Wunden
Und tauchten Tücher in sein heilges Blut.
Ja, bäten um ein Haar zum Angedenken
Und sterbend nennten sie's im Testament
Und hinterließen's ihres Leibes Erben
Zum köstlichen Vermächtnis.

Ihr guten Freund, ich muß euch nicht
Hinreißen zu des Aufruhrs wildem Sturm:
Die diese Tat getan, sind ehrenwert.
Was für Beschwerden sie persönlich führen,
Warum sie's taten? Ach, das weiß ich nicht!
Doch sind sie weis und ehrenwert . . .

Aus »Hamlet« (W. Shakespeare)

Sein oder Nichtsein? — Das ist jetzt die Frage!
Ob es wohl menschlicher, die Pfeil und Speere
des wütenden Geschickes zu ertragen?
Oder,
sich waffnend gegen eine See von Plagen,
durch Widerstand sie enden?
Sterben — schlafen . . .?
Schlafen! . . . Vielleicht zu träumen? —
Ja, das ist's!
Denn was im Schlaf für Träume kommen mögen,
wenn wir die Last des Irdschen abgeschüttelt,
das zwingt uns still zu sein. Das ist der Grund
der Elend läßt zu hohen Jahren kommen.

Denn wer ertrüg der Menschen Spott und Hohn . . .
den Übermut der Ämter und die Schmach,
die Unwert schweigendem Verdienst erweist . . .?
Nur — daß die Furcht vor etwas nach dem Tod,
dem unentdeckten Land, aus dessen Grenzen
kein Wandrer wiederkehrt, den Willen lähmt.

So tragen wir die Übel, die wir haben.
Und fliehen nicht zu unbekannten andren.

Macht denn Gewissen Feige aus uns allen? . . .

R. Maria Rilke: »Herbst«

Die Blätter fallen, fallen wie von weit,
als welkten in den Himmeln ferne Gärten;
sie fallen mit verneinender Gebärde.

Und in den Nächten fällt die schwere Erde
aus allen Sternen in die Einsamkeit.

Wir alle fallen. Diese Hand da fällt.
Und sieh dir andre an: Es ist in allen.

Und doch ist einer, welcher dieses Fallen
unendlich sanft in seinen Händen hält.

Anhang

Lösungen der Aufgaben:

1. Übung (Seite 87)

Bei der Frage nach der Entscheidbarkeit ist zunächst die Frage zu klären, in welcher W die Aussage Geltungsanspruch erhebt. Hängt die Wahrheit der Aussage von W ab, dann ist W im Folgenden angegeben.

1. bis 6. entscheidbar in W(2). Mit dem Geltensanspruch für W(1) sind alle diese Aussagen nicht entscheidbar. Das gilt auch für die Aussage: »2 + 2 = 4«.

7. entscheidbar in W(1), wenn auch nicht wissenschaftlich entscheidbar.

8. ist wieder entscheidbar in W(2).

9. ist entscheidbar in W(3), weil es eine Sinnvorgabe macht (»Es ist in der Regel besser für einen Menschen zu leben als nicht zu leben«).

10. ist entscheidbar in W(2) – und zwar in dem Sinne, daß W(1) Handlungen, die aus der Annahme folgen, diese Aussage sei wahr, gelegentlich den unzweifelhaften Widerstand von W(1) provozieren.

2. Übung (Seite 89)

Auflösungsvorschläge (definientia)

1. Ein materielles Gebilde, das Fortbewegungshindernisse überwindet.

2. Im Mittelalter entstandene Kulturgemeinschaft europäischer Völker.

3. Eine von K. Marx und anderen gegen die Auswüchse des frühkapitalistischen Liberalismus des frühen 19. Jahrhunderts entwickelte Gesellschafts- und Wirtschaftstheorie.

4. Eine Überzeugung, nach der legitime Bewußtseinsinhalte nur vorhandenes Sein widerspiegeln.

5. Wirtschaftsordnung, in der die wirtschaftlichen Handlungen durch den Markt in Form von Preisbewegungen aufeinander abgestimmt und mit den Bedürfnissen in Einklang gebracht werden, wobei dem Staat das Recht eingeräumt wird, eine sozial gerechte Wettbewerbsordnung zu schaffen und durchzusetzen.

6. Ein kollektives Bemühen zur qualitativen Veränderung des gesellschaftlichen Seins.
7. Die Erscheinung, nach der sich biologische, soziale, ökonomische Systeme im Laufe der Zeit verändern (das kann zielgerichtet oder nicht, zum besseren sein oder nicht).
8. Ein Wertpapier, das ein Beteiligungsrecht an einer Aktiengesellschaft verbrieft.
9. Die Kunst, Menschen durch das Wort zu führen.
10. Das Fehlen von zur menschlichen Disposition stehenden äußeren Zwängen.
11. Der feste Wille, einem jeden sein Recht zuteil werden zu lassen.
12. Ein Satz, in dem einer Menge von Gegenständen eine Eigenschaft zu- oder abgesprochen wird.
13. Eine krisenhafte Verringerung des Geldwertes innerhalb eines Konjunkturablaufs.
14. Eine Beteiligung der Arbeitnehmer an der Gestaltung der sozialen und wirtschaftlichen Verhältnisse im Arbeits- und Wirtschaftsleben.
15. Die in Mehrwert zu verwandelnde Differenz zwischen Warenwert und Kostenpreis.
16. Eine Form des Mehrprodukts im Kapitalismus. Mehrprodukt ist der Teil des von den produktiv Tätigen geschaffenen gesellschaftlichen Gesamtprodukts, der die notwendige Konsumtion der produktiv Tätigen, den Ersatz- und Investitionsbedarf übersteigt.
17. Die Überzeugung, daß die Ausübung von institutionalisierter Herrschaft beide korrumpiert, den Herrschenden wie den Beherrschten und deshalb abgeschafft werden soll oder muß.
18. Eine Herrschaftsform, nach der alle Gewalt vom Volke (und nicht etwa vom Staat oder seiner Bürokratie oder von anderen seiner Organe) ausgeht.

3. Übung (Seite 92)
1d, 2g, 3j, 4c, 5f 6h, 7b, 8i, 9l, 10a, 11e, 12k.
Sie werden bemerken, daß man bei Begriffen, die innerhalb eines Sprachspiels Erfahrungsbegriff sind, unmittelbar auf Erfahrung zurückgreifen kann. So ist z. B. »müde« in dem aus dem Sprachspiel der Psychologie genommene Satz: »Ich bin müde« in der Sprache etwa der Soziologie, wenn sie den Satz »Müde Studenten gähnen« bildet, theoretisch, weil hier »müde« als Erklärung fürs studentische Gähnen verwandt wird.

4. Übung (Seite 101)

1. ——
2. Manche Arme sind Menschen.
3. Wenigstens ein Sterblicher ist Sokrates [Es wird hier etwas von wenigstens einem (nicht aber allen) Sterblichen ausgesagt, nichts aber über Sokrates (wie in unserem 1. Übungsbeispiel)].
4. Manches Brauchbare ist preiswert.
5. —— (2. Regel)
6. Nach Umkehrung scheint zu folgen: »Herr X ist nicht Medizin«. Der Schluß ist jedoch falsch, da das Wort »gesund« in zwei verschiedenen (analogen) Bedeutungen gebraucht wird und also kein Medium vorhanden ist.
7. (nach Umkehrung) Einige Rücksichtslose sind nicht blind.
8. Einige Flugtiere sind nicht gefiedert.
9. Nach den Regeln der klassischen Syllogistik folgt nichts. (1. Regel) Die moderne Logik konnte jedoch zeigen, daß folgt: »Einige Nichtmetalle sind keine guten elektrischen Leiter.«
10. (Nach Umkehrung) Einige Sozialisten sind keine Großgrundbesitzer.
11. ——
12. ——
13. Einige gute Menschen sind Marxisten.
14. ——
15. ——

5. Übung (Seite 103)

1a) Alles, was Verheißungen macht, die nicht erfüllt werden, manipuliert.
[Der Satz ist zutreffend, wenn bei der Verheißung ihre Nicht-Erfüllbarkeit sicher oder wahrscheinlich war.]
1b) Wenn der Verbraucher letztlich selbst bezahlen muß, ohne es zu wollen, wird er manipuliert. Nun aber, . . .
[Der Satz ist vermutlich unzutreffend, weil man auch etwa für Edukation oder den Staat zahlen muß, ohne es zu wollen].
1c) Wer ausschließlich um seines eigenen Nutzens wirbt, manipuliert.
[Der Satz dürfte zutreffen.]
1d) Wer Verbraucher dazu verführt, sich zu verschulden, manipuliert.
[Vermutlich ebenfalls zutreffend]

1e) Wer andere dazu verführt, seine Bedürfnisse zu unangemessen hohen Kosten zu befriedigen, manipuliert.
[Vermutlich zutreffend]
1f) Wer den Verbraucher dazu verführt, seine Umwelt auszubeuten und zu verschmutzen, manipuliert.
[Vermutlich zutreffend]
2a) Was Markttransparenz schafft, ist keine Manipulation.
[Unzutreffend, da man durchaus manipulieren kann, indem man Markttransparenz schafft.]
2b) Was die Preise senkt, ist keine Manipulation.
[Ist ebenfalls falsch.]
2c) Was dem Verbraucher nutzt, weil es Konkurrenz der Anbieter bedeutet, ist keine Manipulation.
[Ist unzutreffend, denn der Konkurrenzmechanismus des Anbietens verführt gerade zur Manipulation. Richtig dagegen ist jedoch, daß eine marktwirtschaftliche Ordnung dem Verbraucher nutzt, aber der Verbrauchernutzen allein schließt noch keine Manipulation aus.]

Texte

1. Kurt Tucholsky

Ratschläge für einen schlechten Redner

Fang nie mit dem Anfang an, sondern immer drei Meilen vor dem Anfang. Etwa so:

»Meine Damen und meine Herren! Bevor ich zum Thema des heutigen Abends komme, lassen Sie mich Ihnen kurz ...« Hier hast du schon so ziemlich alles, was einen schönen Anfang ausmacht: eine steife Anrede; der Anfang vor dem Anfang, die Ankündigung, daß und was du zu sprechen beabsichtigst, und das Wörtchen kurz. So gewinnst du im Nu die Herzen und die Ohren der Zuhörer. Denn das hat der Zuhörer gern: daß er deine Rede wie ein schweres Schulpensum aufbekommt; daß du mit dem drohst, was du sagen wirst, und sagst und schon gesagt hast. Immer schön umständlich.

Sprich nicht frei – das macht einen so unruhigen Eindruck. Am besten ist es: du liest deine Rede ab. Das ist sicher, zuverlässig, auch freut es jedermann, wenn der lesende Redner nach jedem Viertelsatz mißtrauisch hochblickt, ob auch noch alle da sind.

Wenn du gar nicht hören kannst, was man dir so freundlich rät, und du willst durchaus und durchum frei sprechen ... du Laie! du lächerlicher Cicero! Nimm dir doch ein Beispiel an unseren professionellen Rednern, an den Reichstagsabgeordneten – hast du die schon mal frei sprechen hören? Die schreiben sich sicherlich zu Hause auf, wenn sie »Hört, hört!« rufen ... ja, also wenn du denn frei sprechen mußt: sprich wie du schreibst. Und ich weiß, wie du schreibst. Sprich mit langen, langen Sätzen — solchen, bei denen du, der du dich zu Hause, wo du ja die Ruhe, deren du so sehr benötigst, deiner Kinder ungeachtet, hast, vorbereitest, genau weißt, wie das Ende ist, die Nebensätze schön ineinandergeschachtelt, so daß der Hörer, ungeduldig auf seinem Sitz hin und her träumend, sich in einem Kolleg wähnend, in dem er früher so gern geschlummert hat, auf das Ende solcher Periode wartet ... nun, ich habe dir eben ein Beispiel gegeben; so mußt du sprechen.

Fang immer bei den alten Römern an und gib stets, wovon du auch sprichst, die geschichtlichen Hintergründe der Sache. Das ist nicht nur deutsch — das tun alle Brillenmenschen; ich habe einmal in der Sorbonne einen chinesischen Studenten sprechen hören, der sprach glatt und gut französisch, aber er begann zu allgemeiner Freude so: »Lassen Sie mich in aller Kürze die Entwicklungsgeschichte meiner chinesischen Heimat seit dem Jahre 2000 vor Christi Geburt ... »Er blickte ganz erstaunt auf, weil die Leute so lachten. So mußt du das auch machen. Du hast ganz recht: man versteht es ja sonst nicht, wer kann denn das alles verstehen, ohne die geschichtlichen Hintergründe ... sehr richtig! Die Leute sind doch nicht in deinen Vortrag gekommen, um lebendiges Leben zu hören, sondern das, was sie auch in Büchern nachschlagen können ... sehr richtig.

Kümmere dich nicht darum, ob die Wellen, die von dir ins Publikum laufen, auch zurückkommen — das sind Kinkerlitzchen. Sprich unbekümmert um die Wirkung, um die Leute, um die Luft im Saale; immer sprich, mein Guter, Gott wird es dir lohnen.

Du mußt alles in die Nebensätze legen. Sag nie: »Die Steuern sind zu hoch! Das ist zu einfach. Sag: »Ich möchte zu dem, was ich soeben gesagt habe, noch kurz bemerken, daß mir die Steuern bei weitem . . .« So heißt das.
Trink den Leuten ab und zu ein Glas Wasser vor — man sieht das gern; wenn du einen Witz machst, lach vorher, damit man weiß, wo die Pointe ist.
Eine Rede ist, wie könnte es anders sein, ein Monolog. Weil doch nur einer spricht. Du brauchst auch nach 14 Jahren öffentlicher Rednerei noch nicht zu wissen, daß eine Rede nicht nur ein Dialog, sondern ein Orchesterstück ist; eine stumme Masse spricht nämlich ununterbrochen mit. Und das mußt du hören. Nein, das brauchst du nicht zu hören. Sprich nur, lies nur, donnere nur, geschichtele nur.
Zu dem ,was ich soeben über die Technik der Rede gesagt habe, möchte ich noch kurz bemerken, daß viel Statistik eine Rede immer sehr hebt. Das beruhigt ungemein, und da jeder imstande ist, zehn verschiedene Zahlen mühelos zu behalten, so macht das viel Spaß. Kündige den Schluß deiner Rede lange vorher an, damit die Hörer vor Freude nicht einen Schlaganfall bekommen. Kündige den Schluß an, und dann beginne deine Rede von vorn und rede noch eine halbe Stunde. Dies kann man mehrere Male wiederholen.
Du mußt dir nicht nur eine Disposition machen, du mußt sie den Leuten auch vortragen — das würzt die Rede. Sprich nie unter anderthalb Stunden, sonst lohnt es gar nicht erst anzufangen. Wenn einer spricht, müssen die anderen zuhören — das ist deine Gelegenheit! Mißbrauche sie. (1930)

Ratschläge für einen guten Redner
Hauptsätze, Hauptsätze, Hauptsätze.
Klare Disposition im Kopf — möglichst wenig auf dem Papier. Tatsachen, oder Appell an das Gefühl. Schleuder oder Harfe. Ein Redner ist kein Lexikon. Das haben die Leute zu Hause.
Der Ton einer einzelnen Sprechstimme ermüdet; sprich nie länger als vierzig Minuten. Suche keine Effekte zu erzielen, die nicht in deinem Wesen liegen. Ein Podium ist eine unbarmherzige Sache — da steht der Mensch nackter als im Sonnenbad.
Merke Otto Brahms Spruch: »wat jestrichen is, kann nich durchfalln.« (1930)

2. Northcote Parkinson
»Öffentliches Reden«
»Für alle nicht berufsmäßigen Redner besteht die Kunst in peinlichem Vorbereiten und lässigem Vortragen. Was wie spontane Eingebung wirken soll, muß auswendig gelernt werden. Darum ist die erste Aufgabe, die Rede vorher entwerfen. Hat man sie im Konzept niedergeschrieben, wird man unweigerlich feststellen, daß der einleitende Absatz überflüssig ist. Genau wie in einem Schulaufsatz ist dieser Teil meist nichts anderes als eine Aufzählung dessen, was der Autor zu tun beabsichtigt, ein Gerüst, das er nach Gebrauch entfernen muß. . . .«
». . . Der springende Punkt ist, daß der Redner nicht von eigenen Emotionen ausgeht, die er ausdrücken möchte, sondern von einem ganz bestimmten Auditorium, das er beeinflussen will. Also beginnt er bei dem Auditorium und

kommt erst dann auf die eigene Person. Dabei fragt er sich zunächst, welches Thema alle Anwesenden, Frauen wie Männer, interessiert. Die Antwort ist gewöhnlich einfach: Sie interessieren sich vorwiegend für sich selbst. Daher seine Aufgabe, in den ersten drei Minuten auf irgendetwas anzuspielen, das Ihnen allen gemeinsam ist, den Schwerpunkt auf das zu legen, was als ihr wichtigster gemeinsamer Nenner erscheint. . . .«

». . . Auch wenn die Anwesenden hauptsächlich an sich selber interessiert sind, hören Sie gern Anekdoten zum Gruseln oder zum Schmunzeln. . . .«

». . . Dann gehen Sie über zu der Wiederholung, aber mit anderen Worten, indem Sie nämlich alles Negative ins Positive verkehren. Wenn Sie vorher sagten: »Kein Licht darf brennend zurückgelassen werden«, dann sagen Sie jetzt, daß der Letzte die Verantwortung hat, alle Lichter auszuschalten. . . .«

». . . Ein Witz hat nur einen Sinn, wenn er das, worauf es dem Vortragenden besonders ankommt, unterstreicht. Die Geschichte, die Sie gestern im Rotary-Klub hörten, ist darum fast immer verfehlt. Bringen Sie stattdessen einen Witz, der genau die Sache trifft. Dabei müssen Sie immer voraussetzen, daß eine komische Geschichte das einzige ist, was jeder behalten und weitererzählen wird. Denn jeder schmückt sich gern mit dem Ruf, ein Witzbold zu sein. . . .«

». . . Schließen Sie nie mit dem Wörtchen »danke«, wie es zur idiotischen Gewohnheit geworden ist. Schließen Sie lieber, wo Sie zu Ende sind. Wenn Ihre Rede vorbei ist, können Sie nichts besseres tun, als schlagartig aufzuhören. . . .«

3. Ludwig Reiners

Über die Abwehr unfairer Bemerkungen

Wenn der Gegner seinerseits persönlich wird, dann ist es bisweilen unvermeidlich, auf einen Schelmen anderthalbe zu setzen. Als Studenten haben wir einmal eine Anzahl fester Wendungen zusammengestellt, welche zur polemischen Abwehr geeignet sind. Sie reichen von der poetischen Zurückweisung bis zur hanebüchenen Grobheit; die ersten beiden wenden sich gegen das beliebte Argument, daß der Unterhaltungspartner für die Beurteilung einer Frage zu jung sei:

Nicht jung genug, vor Götzen mich zu beugen
Und Trotz mit Trotz zu bändigen, als genug. (Tasso)

Jugend wird täglich besser.
Beschränktheit erfahrungsgemäß täglich enger.

Ich lege keinen Wert darauf, Recht zu behalten,
wenn ich recht habe.

Sie haben recht übel von Ihren Mitmenschen zu denken;
Ihr Vorleben ist danach.

Seien Sie nicht zu gescheit! – Kluge Kinder sterben früh.

Da Sie nicht viel Geist aufzugeben haben, kann es schnell gehen.

Einen Wehrlosen soll man nicht treten.
Und Sie sind (geistig) wehrlos.

Entschuldigen Sie, daß Sie mich schon wieder unterbrechen.

Die Sprache ist dem Menschen gegeben, um seine Gedankenlosigkeit zu verbergen.

Ich glaube, Sie halten Ihre besten Gründe noch in Reserve.
Denn das können die besten unmöglich gewesen sein.

Manche Leute haben Bretter vor dem Kopf,
die ihnen die Welt bedeuten.

Aber wenn ein Gespräch dieses Kampfniveau erreicht hat, tut man noch besser, es abzubrechen. Bei Schopenhauer steht der Satz: »Gewissen Menschen gegenüber kann man seine Intelligenz nur auf eine Art beweisen, nämlich indem man nicht mit Ihnen redet.«

Literatur

Sehr zu empfehlen für das betriebsinterne Training ist der von mir mitentwickelte Kurs (mit audiovisuellen Hilfsmitteln):
DIE PRAXIS DER BETRIEBLICHEN GESPRÄCHSFÜHRUNG (Ein Lehrprogramm im Medienverbund für den innerbetrieblichen Einsatz). Herausgegeben von der BLACKBOX AG (Zürich, Seestraße 160).

Ammelburg, Gerd, Erfolgreich reden — leichtgemacht Freiburg-Basel-Wien (Herder) 1974

Ders., Rhetorik für den Ingenieur, Düsseldorf (VDI-Verlag) 1975

Altmann, H. Chr., Überzeugungskraft durch sichere Rede-, Verhandlungs- und Konferenztechnik, Kissing (WEKA-Verlag) 1979

Dichter, Ernst, Überzeugen, nicht verführen, Düsseldorf, Wien (Econ) 1971

Elertsen, Heinz, Moderne Rhetorik, Heidelberg (I. H. Sauer-Verlag) 1972

Endres, Hans, Ich lerne frei reden, Olten-Stuttgart-Salzburg (Fackelverlag) 1957

Hage, Walter, Gewinne mit dem Wort, Oldenburg-Hamburg (Stalling) 1971

Preim, Hans, Rhetorik-Fibel, Frankfurt (Deutsches Institut für Betriebswirtschaft), o. J.

Prost, W., Sprache als Mittel der Manipulation, Kissing (WEKA) 1982

Weidemann, B., Diskussionstraining, Stuttgart (DVA) 1973

Ellen Sesta
DER TUNNEL
IN DIE FREIHEIT
Berlin, Bernauer Straße
ULLSTEIN

304 Seiten, ISBN 3-7844-7060-2

Rupert Lay

Führen durch das Wort

Humaner und wirkungsvoller

Führen im modernen Verständnis heißt nicht befehlen, sondern verständlich machen und überzeugen. Mit Hilfe der Dialektik muß die eigene Vorstellung so vermittelt werden, daß sie Bestandteil der Gedankenwelt anderer wird, ohne diese zu manipulieren.

Wirtschaftsverlag
Langen Müller / Herbig